Violencia y crimen. Un enfoque institucional al caso de Michoacán, México.

Jerjes Aguirre Ochoa

INSTITUTO DE INVESTIGACIONES
ECONOMICAS Y EMPRESARIALES

Violencia y crimen. Un enfoque institucional al caso de Michoacán, México.

Primera edición Diciembre de 2016

ISBN-13: 978-1541344464

Violencia y crimen. Un enfoque institucional al caso de Michoacán, México.

Presentación

Existen pocos textos académicos que analizan la violencia y el crimen en México con base en evidencias tangibles y concretas. Más raros son aquellos que aportan medidas para reducir ambos rasgos sociales en escenarios específicos. El libro que aquí se presenta recopila diferentes investigaciones que discuten el desarrollo, los efectos, las alternativas a la inseguridad, así como los actores que participan en ella.

Además, los contenidos conjuntan una exposición cuya orientación es académica con otra orientada a cualquier persona interesada en los temas de seguridad y violencia en escenarios delimitados. Como es bastante conocido, una de las principales preocupaciones de la sociedad mexicana, junto al desempleo y los bajos salarios, es la inseguridad con la que viven sus vidas día con día.

Robos, secuestros, asesinatos, extorsiones, fraudes, corrupción, impunidad, colusión de autoridades con delincuentes, son de las más mencionadas en las entrevistas y encuestas que evalúan estas temáticas. Si bien este libro se enfoca en la situación que se vive en el estado de Michoacán, México que ha sido y es una entidad emblemática de la manifestación de violencia en todas sus formas, también contempla otras experiencias que ocurren en otros estados de la República Mexicana.

El caso de Michoacán sirve para mostrar las condiciones sociales y económicas que dan lugar a diversas formas de violencia que luego se enraízan y se reproducen. Medidas institucionales de cogobierno que intentan resolver una situación y generan otra quizás peor. La forma en que se involucran diversos actores sociales, políticos, empresariales, religiosos y demás, con grupos delincuenciales. La forma en que la corrupción y la impunidad tejen sus redes donde algunos actores alcanzan ciertos beneficios y otros son obligados a pertenecer a estos grupos.

El trabajo muestra como la violencia toma forma concreta en actores específicos y como se manifiestan para causar daños a otros actores. En los casos analizados puede advertirse la forma en que se entra y se sale de ciertas violencias, algunas de ellas con resultados drásticos como el asesinato del agresor o en actividades ilícitas de las cuales derivan beneficios económicos. El común denominador de los capítulos del texto es intentar articular una explicación académica al problema de la violencia de la mano de una posible articulación de acción de gobierno que permita resolver de una manera estructural este fenómeno.

En este sentido, este libro incluye análisis de la violencia a partir de visiones de la paz, toca aspectos de migración y seguridad, legitimidad del estado, las cárceles, los deterioros de las instituciones familiar y política, así como una sección dedicada a sugerencias de política pública que intenta generar visiones integrales más allá de las policiacas para combatir la inseguridad. Finalmente, debe decirse que este texto constituye un referente obligado pata entender el problema de la violencia en México y en Michoacán específicamente.

Renato Salas Alfaro

Profesor Investigador UAEM

Introducción

El presente libro recoge las experiencias de investigación del autor sobre el tema del crimen y violencia en el estado de Michoacán México en el período 2010-2016. En los últimos años Michoacán se ha convertido en un estado icónico de la situación de crimen y violencia que se vive en la mayor parte del país. Puede considerarse que la entidad fue el primer estado de la República en que se documentó una situación de cogobierno entre grupos criminales y un gobierno estatal democráticamente electo. La violencia en esta entidad es un fenómeno multidimensional producto del agravamiento de condiciones históricas y políticas y de coyunturas actuales como la transición democrática de México y el cambio en las políticas antidrogas de los EUA.

El problema de lidiar con los efectos asociados con la violencia del narcotráfico es acuciante en estados como Michoacán que han enfrentado sensibles afectaciones en términos de pérdida de bienestar social y bajas en los niveles de inversión privada. Concretamente para el caso de Michoacán el problema aparece como más grave luego de la intervención del gobierno federal en 2014 que acabó con la hegemonía del principal grupo criminal del estado. Este proceso generó un reacomodo de grupos criminales que han empezado a disputar los huecos dejados por el cartel exterminado. Contrariamente a lo que pudiera pensarse luego de una sangrienta y costosa guerra del gobierno federal mexicano contra los *templarios*, la violencia continúa ahora en la forma de un incremento en la delincuencia común y de peleas de carteles de otros estados que pugnan por control del estado de Michoacán

Este texto plantea diversos trabajos, en su mayoría del autor, que presentan una perspectiva multidimensional del fenómeno de la inseguridad. Se discute la situación actual del estado y se aborda la génesis política y económica de la actual situación de violencia casi generalizada que se vive en la mayor parte de los municipios de Michoacán.

En el primer capítulo se analiza la situación de las instituciones sociales básicas de una sociedad que son la institución económica, familiar y política. Este análisis se hace siguiendo una perspectiva institucionalista, que es la que prevalecerá en todo el texto, que determina que las principales causas de inseguridad en Michoacán se encuentran dadas por una situación de profunda debilidad institucional, entendiendo esta, no únicamente como una falla en las instituciones de gobierno, sino en las estructuras más básicas de la sociedad como lo es la economía y la familia. El texto se encuentra enmarcado específicamente dentro de las teorías de descomposición institucional que plantea Lafree.

El libro dedica un capítulo entero a la cuestión del estado de la policía en Michoacán. A pesar de su importancia casi no existe investigación que haya logrado conectar adecuadamente la situación de fragilidad e ineficacia de las policías con el alza en la actividad del crimen organizado. Se plantea la necesidad de encontrar un modelo policial único que realmente logre desincentivar la actividad criminal. Asimismo, se hace hincapié en la necesidad de legitimar al estado para tener un brazo armado que cuente con la aceptación necesaria de la comunidad.

Otra de las secciones del trabajo analiza el desarrollo de una cultura de la paz como un instrumento para lograr articular una visión holística del problema de seguridad. A partir del análisis empírico en esta sección se establece una serie de recomendaciones útiles para instrumentar políticas públicas que trasciendan la visión militar y policiaca del problema de la inseguridad sobre todo en aquellos aspectos relativos a la educación y la cultura como instrumentos que posibilitan una convivencia armónica de la sociedad.

El texto presenta también una sección relativa al análisis de la mafia mexicana desde una perspectiva organizacional en la que se plantea el comportamiento de los grupos delictivos como empresas y un trabajo sobre la inseguridad en el estado de México que muestra paralelismos interesantes en relación con las condiciones del estado de Michoacán. Debe destacarse que el libro presenta un capítulo dedicado al tema de las cárceles en México.

En general, el libro señala que una perspectiva de solución al problema de la violencia por crimen organizado debe empezar por modificar las condiciones de fragilidad de las instituciones económica, familiar y política. En Michoacán, la experiencia 2015 – 2017, demuestra la continuidad en el número de homicidios y desaparecidos como consecuencia de la actividad de grupos del crimen organizado, lo que refleja las fallas de la política seguida por el Gobierno Federal con la imposición de un Comisionado. Esta política se centró únicamente en los aspectos policiacos y militares del problema.

El libro plantea fortalecer las instituciones de seguridad en México y también las de procuración de justicia para lograr una situación similar a la de un país desarrollado en la cual si bien existen mercados de narcóticos no existe la violencia que se observa en el caso mexicano. Esto no implica que se renuncie a la necesidad urgente de atacar problemas relacionados como la falta de empleos, educación y deterioro en la familia.

Finalmente, debe señalarse que este libro pretende contribuir a la generación y difusión de conocimiento académico que ayude a que los tomadores de decisión puedan realizar los cambios necesarios en la actual política de seguridad pública a una que transite de un de la interdicción policial a un enfoque basado en el fortalecimiento de las capacidades institucionales y en el fortalecimiento del estado de derecho.

Capitulo 1. Situación actual en Michoacán

El objetivo de este capítulo es analizar la estrategia del gobierno mexicano en contra de los grupos del crimen organizado en el estado de Michoacán durante 2014. Este análisis es importante porque permite dar luz a aspectos y procesos importantes que deben de comprenderse para incorporarse en procesos futuros de comprensión del problema de la violencia. El trabajo describe en términos generales la situación imperante en el estado de Michoacán, la intervención del gobierno federal y los resultados obtenidos a dos años de esta intervención.

De los años 2010 a 2013 se vivió en el estado de Michoacán una situación inédita de alianza entre grupos criminales del estado dedicados primariamente al tráfico de estupefacientes y posteriormente a la extracción de rentas a la sociedad. Este es un punto interesante ya que a diferencia de otros carteles de las drogas en México en el caso de Michoacán el modelo de negocio criminal consistía en la extracción brutal y forzada de dinero a distintos grupos sociales por medio de la extorsión, cobro de cuotas y el secuestro.

La matriz de la violencia en Michoacán se remonta a finales del siglo XX con la serie de convulsiones políticas que vivo el estado tras el inicio del proceso democrático de finales de siglo. En 1988 se dio la renuncia del primer gobernador de la entidad en 40 años. A partir de esa fecha el estado ha vivido una serie de inestabilidad política que ha impedido la consolidación de un proyecto de desarrollo producto de la falta de continuidad de una visión de largo plazo. De 1988 a 2016 se han tenido más de diez gobernadores en la entidad. Estos hechos han generado inestabilidad y una falta de consolidación de las instituciones políticas y sociales que den un mínimo de estabilidad a la convivencia social del estado

Desde inicios del siglo XXI, se habían empezado a consolidar en el estado diversos grupos criminales que se dedicaban fundamentalmente al tráfico de estupefacientes. En la medida en que los procesos de consolidación democrática que se iniciaron en 1988 se acentuaron, empezaron a darse numerosos huecos de legitimidad y autoridad que fueron cada vez más evidentes. El gobierno no imponía orden, las policías eran profundamente corruptas e ineficientes. La mayor parte de los políticos se enriquecía grotescamente durante sus periodos de gobierno y las condiciones de subsistencia de la gente empeoraban.

En este contexto de anarquía y desorden, los grupos delincuenciales, inicialmente dedicados al tráfico de drogas, empezaron a ver una ventana de oportunidad para la actividad delictiva en la regulación del orden social o político de sus regiones y comenzaron lentamente a involucrarse en la política local, especialmente en la elección de alcaldes, adquiriendo una presencia y legitimidad que antes no tenían. Problemas de tenencias de la tierra, herencias, cobro de deudas, conflictos entre grupos locales, empezaron a ser arreglados y mediados por estos grupos delincuenciales mediante el uso de la fuerza bruta.

Estas actividades de regulación social se acentuaron particularmente en la seguridad pública. La oferta de los grupos delincuenciales en Michoacán fue proteger a los ciudadanos del embate de la actividad criminal de otros grupos delincuenciales particularmente de aquellos del exterior del estado.

En este contexto un punto de partida para analizar las raíces estructurales de la violencia y la actividad del crimen organizado en Michoacán es el análisis institucional propuesto por Lafree que mide la legitimidad de las instituciones para mantener el orden social. El modelo de Lafree parte de que el control que ejerce la institución familiar, económica y política es fundamental para mantener un orden y para generar un entorno en que las instituciones sean las que dicten las reglas del juego de la convivencia social. Cuando alguna de estas instituciones falla, se generan huecos de legitimidad que tienden a ser llenados por grupos externos o grupos informales que de alguna manera imponen su orden.

Las teorías de Lafree pueden considerarse dentro de una perspectiva de la anomía institucional, que es una de las explicaciones clásicas del crimen. Este modelo tiene un gran poder explicativo para el caso de Michoacán, en donde las instituciones sociales básicas (economía, familia y gobierno) han fallado en su objetivo de lograr una convivencia social armónica. En primer término puede analizarse la institución económica. En los últimos 20 años el crecimiento promedio de la economía michoacana ha sido del 2%. Esta tasa es insuficiente para poder garantizar la incorporación de los jóvenes a la vida productiva y para poder atacar el déficit de empleos que ha venido arrastrando el estado. Los niveles salariales tampoco han subido y el estado no ha podido generar industrias exitosas que pudieran dar empleos a la población. Las actividades de vinculación con el sector externo, la producción de aguacate y de algunas variedades hortícolas como *berries* son actividades con poca generación de empleos.

La principal actividad que logro generar empleos, ingreso y bienestar en Michoacán fue la migración masiva de personas a los Estados Unidos durante la década de los noventa y la primera décadas del 2000. Miles de michoacanos migraron a los Estados Unidos y las remesas de estos trabajadores se convirtieron en la fuente principal de ingresos del estado. Sin las remesas de los migrantes la situación en Michoacán hubiera sido probablemente peor que la que se vivió.

Asimismo, el estado continúa en una situación de alta marginación. A nivel nacional Michoacán aumentó dos niveles en la escala de marginación al pasar del lugar número diez al ocho. Los datos disponibles son hasta 2010 sin que se aprecie la existencia de alguna circunstancia que pudiera haber modificado esa situación para 2015, sobre todo considerando los efectos negativos en la economía mexicana de la crisis mundial de 2008.

	Indicadores de Marginación							Distribución de la población por condición de actividad económica.					
	2000			2010				2000			2010		
Municipios	Índice de marginación (*)	Grado de marginación n(*)	Lugar a nivel estatal	Índice de marginación n	Grado de marginación n(*)	Índice de marginación de 0 a 100	Lugar a nivel estatal	Total PEA (1)	Ocupada	Desocupada	Total PEA (2)	Ocupada	Desocupada
Morelia	-1.70032	Muy Bajo	113	-1.5929	Muy Bajo	9.67	113	233,505	230,201	3,304	310,305	295,162	15,143
Zamora	-1.26255	Bajo	108	-1.1252	Bajo	14.96	104	57,968	57,264	704	79,099	76,439	2,660
Uruapan	-1.16209	Bajo	105	-1.262	Muy Bajo	13.41	110	92,537	91,360	1,177	129,330	125,880	3,450
Lázaro Cárdenas	-1.34651	Muy Bajo	111	-1.3343	Muy Bajo	12.6	112	59,733	58,799	934	70,850	65,408	3,442
Apatzingán	-0.76648	Bajo	92	-0.6497	Medio	20.33	88	40,891	40,540	351	51,600	50,423	1,177
Charo	-0.26228	Medio	50	-0.471	Medio	22.35	78	5,990	4,475	1,515	7,164	6,622	542
Maravatío	-0.10473	Alto	35	-0.236	Medio	25.01	52	19,628	19,462	166	27,698	25,846	1,852
Huetamo	0.11954	Alto	25	0.4125	Alto	32.33	17	11,843	11,743	100	15,295	14,651	476
Hidalgo	-0.48238	Medio	68	-0.3226	Medio	24.03	60	31,595	31,320	275	42,832	40,651	2,181
Zitácuaro	-0.5327	Medio	73	-0.4786	Medio	22.26	79	43,314	42,719	595	57,709	54,963	2,746
Aquila	1.43585	Muy Alto	2	1.9728	Muy Alto	49.96	1	5,717	5,677	40	7,690	7,469	221
Michoacán	0.44913	Alto	Nacional 10	0.5258	Alto	45.9	Nacional 8	1,241,449	1,226,606	14,843	1,658,417	1,583,852	74,565

Fuente: Elaboración propia con base a datos del INEGI

El dato más significativo es el incremento de la población desocupada como proporción de la PEA en la mayor parte de los municipios y en el estado en general. Este dato es comprensible dadas las bajas tasas de crecimiento económico que ha experimentado el país y el estado en los últimos años. Las bajas tasa de crecimiento económico han también generado un estancamiento en los niveles de pobreza prácticamente desde 2008.

En resumen la economía michoacana no logro crecer lo suficiente para generar el empleo necesario para los jóvenes en desde la décadas de los noventa. Por igual las actividades relativamente exitosas como la agricultura de exportación únicamente lograron beneficios para unas cuantas familias sin existir efectos positivos. El estado no pudo sustraerse a la dinámica nacional de bajo crecimiento. Sin embargo, debe señalarse que los estados vecinos de Michoacán lograron consolidar estrategias de crecimiento a partir de la atracción de plantas manufactureras extranjeras. Los estados de Querétaro y de Guanajuato lograron tasas de crecimiento significativas a partir de la Inversión Extranjera Directa.

El estado jamás supero su tradición agrícola en un contexto en el que la vocación agrícola y la orientación al desarrollo cambio. Particularmente, después de la firma del Tratado de Libre Comercio de América del Norte el sector agrícola, principal sustento del estado, se fue a pique. Muchos de los apoyos y la liberalización de precios dejo únicamente algunos pocos productores eficientes que pudieron competir en el mercado. La migración fue la principal válvula de escape a los campesinos que no pudieron competir. De alguna manera se dio un intercambio de factores de producción. Sin embargo, no toda la población del estado migró a los Estados Unidos. Las condiciones económicas generales de la población han empeorado.

Por otro lado la institución familiar en Michoacán ha también sufrido cambios importantes. La estructura de las familias en Michoacán ha cambiado y esto presumiblemente ha roto con patrones de control que la familia imponía. Desde hace más de 20 años diversos fenómenos familiares acentuaron en Michoacán la pérdida de la estructura tradicional básica que imponía ciertas normas y reglas de control. La migración, los divorcios y la formación cada vez más común de hogares uniparentales provoco que la familia dejara de ser una institución de control básica del comportamiento en Michoacán. Una parte importante de los hogares en Michoacán está liderado por mujeres que tienen que manejar simultáneamente con responsabilidades económicas y con las labores de educación de los hijos en circunstancias normalmente complicadas. Estos datos pueden observarse en las tablas a continuación que muestra una disminución de los matrimonios, aumento en los divorcios y en los hogares con jefatura femenina.

Matrimonios

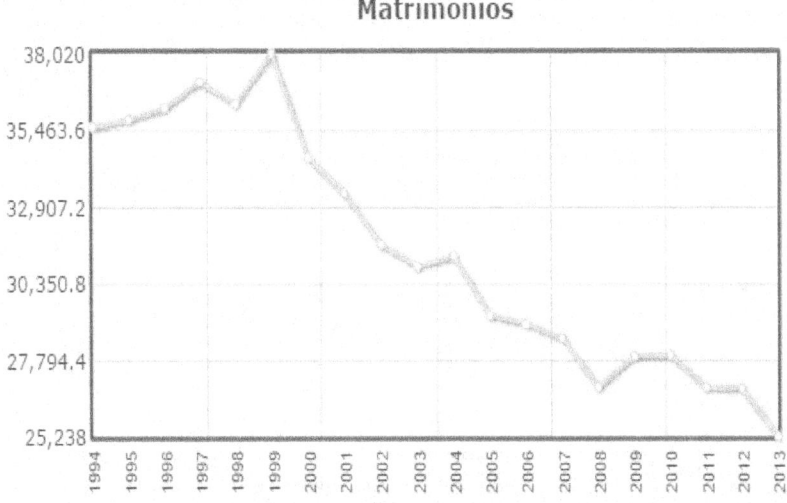

Fuente: INEGI (2014). Instituto Nacional de Estadística y Geografía.

MATRIMONIOS POR AÑO	1994	1995	1996	1997	1998	1999	2000	2001	2002	2003	2004	2005	2006	2007	2008	2009	2010	2011	2012	2013
Morelia	4245	4616	4692	4839	4890	4762	4502	4689	4564	4278	4519	4133	4100	3926	3724	3622	3611	3494	3729	3439
Zamora	1546	1623	1584	1490	1450	1519	1401	1307	1280	1255	1196	1158	1194	1227	1199	1266	1247	1259	1167	1119
Uruapan	1405	1332	1566	1615	1655	1777	1747	1594	1628	1303	1586	1567	1499	1522	1510	1657	1748	1741	1883	1784
Lázaro Cárdenas	1227	1243	1293	1349	1283	1384	1214	1260	1199	1165	1170	1232	1221	1223	1268	1222	1255	1266	1202	1194
Apatzingán	817	792	882	889	771	802	722	707	656	630	594	529	668	551	529	616	595	582	595	529
Charo	580	502	436	448	434	488	473	406	364	373	348	323	352	319	248	280	259	257	259	239
Maravatío	618	610	631	625	664	660	611	571	508	538	517	488	472	465	455	380	430	430	381	331
Huetamo	415	386	376	365	372	390	379	343	313	276	211	229	268	253	245	270	280	240	294	217
Ciudad Hidalgo	830	804	825	845	905	936	860	859	798	761	791	683	638	650	637	680	719	756	655	601
Zitácuaro	793	718	718	764	718	795	793	778	905	675	687	662	627	678	646	613	651	651	645	564
Aquila	91	96	132	97	143	235	119	95	83	137	92	95	89	98	125	92	96	90	129	82
Total Estatal	33565	35802	36180	37059	36319	38020	34545	33359	31644	30915	31259	29272	28998	28521	26885	27914	27948	26959	26833	25238

Fuente: INEGI (2014). Instituto Nacional de Estadística y Geografía.

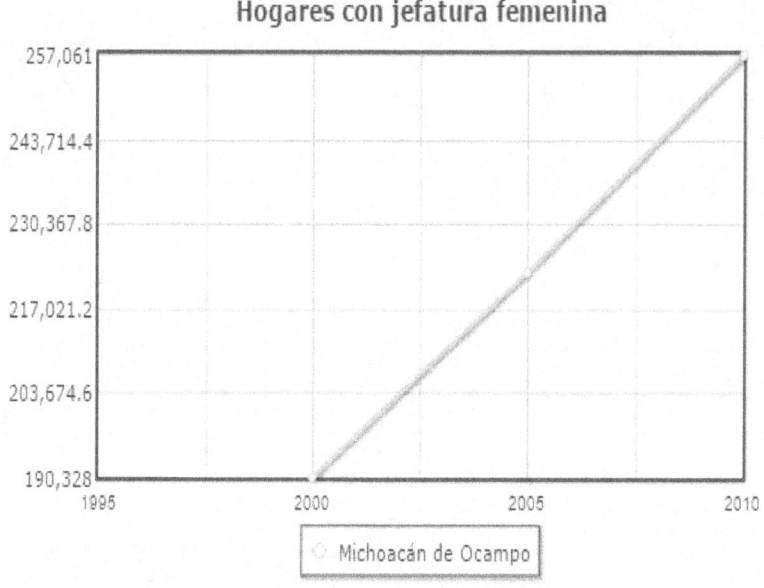

Hogares con jefatura femenina

Michoacán de Ocampo

Fuente: INEGI (2014). Instituto Nacional de Estadística y Geografía.

Finalmente, en relación a la institución política, se puede usar como *proxy* información del sistema judicial. Los datos de consignaciones, bajo número de personal involucrado en el proceso de impartición de justicia, cifra negra y alto número de delitos, reflejan una debilidad de la institución judicial como mecanismo de contención y control del delito. Existe poca confianza en los jueces, la institución judicial, las policías y los ministerios públicos. Para los ciudadanos el sistema de administración de justicia es sinónimo de corrupción, pago de extorsiones y tiempo perdido. No existe confianza en la impartición de justicia a partir de los mecanismos formales existentes dentro del actual sistema de impartición de justicia.

Actualmente, existen órganos de seguridad y justicia que venden la impunidad; por un lado, un Ministerio Público que se destina a construir expedientes colosales a base de diligencias dentro de la averiguación previa; y por el otro, jueces que se dedican a valorar quien es culpable sin que se dé mayor explicación del proceso de justicia al ciudadano que, la mayor parte de las veces, no se encuentra familiarizado con el lenguaje de los operadores jurídicos.

El hecho de que la sociedad michoacana haya depositado en los grupos criminales la labor de procuración y justicia, reflejan la necesidad de adecuar el sistema de justicia a las necesidades y deseos reales de los ciudadanos. Existen varios casos documentados de procedimientos de justicia en el caso de sucesiones, disputas comerciales y herencias que fueron resueltas por mediación de grupos criminales. Quizás, la mayor oferta a la sociedad en general que tuvo el crimen organizado en Michoacán, fue precisamente la de ofrecer seguridad y garantías para resolver una amplia gama de litigios supliendo a la institución judicial formal. Una estrategia integral de combate a la inseguridad y la delincuencia debe de partir de un proceso de reforma a la institución judicial que permita dar al sistema judicial una legitimidad institucional imprescindible.

Como conclusión podemos esbozar que una de las razones por las cuales el gobierno federal y estatal, e incluso el gobierno de Estados

Unidos no han podido sugerir una estrategia adecuada para el combate de la inseguridad y la delincuencia, se encuentra en la falta de la comprensión real de que fue lo que sucedió en Michoacán que propició un espiral de violencia y muerte en el estado.

Los problemas institucionales han sido desdeñados en la perspectiva oficial. Comúnmente se señala que el fortalecimiento de los carteles criminales en México derivados de un cambio en las rutas de trasiego de drogas de Sudamérica a Estados Unidos, fue la causa principal de una mayor actividad criminal y la subsiguiente violencia derivada de la dinámica interna de los cárteles. Sin embargo, esta es una respuesta poco satisfactoria, ya que en Michoacán y en otras regiones del país siempre ha existido la presencia de diversas organizaciones dedicadas al trasiego de drogas.

La experiencia mexicana de los años 70 y 80 resulta altamente significativa porque los niveles de violencia observados no eran de ninguna manera tan altos como lo son actualmente. La dinámica política y económica del país y del estado se daba sin que existiera una interferencia marcada por parte de la actividad de los grupos criminales. El gobierno sabía de la existencia de diversos cárteles de las drogas pero los toleraba y estos procuraban no mantener niveles altos de violencia que llamaran la atención pública de sus actividades. Este periodo podría pensarse entre 1975 y 1986 aproximadamente.

¿Cuál fue entonces el factor dominante que hizo estallar el espiral de violencia? Esta pregunta es relevante porque atrás de ella debe encontrarse la formulación de la estrategia que el gobierno mexicano debe seguir de la actividad de los grupos criminales. Nosotros planteamos que la actividad criminal puede deberse a cuatro factores: 1) El cambio en la dinámica territorial del tráfico de estupefacientes que hicieron que el territorio mexicano se convirtiera en un paso obligado para la entrada de droga a Estados Unidos. 2) El segundo elemento sería el proceso del cambio democrático del país que produjo una debilidad de las estructuras del control del gobierno sobre los procesos y dinámicas de los grupos criminales. 3) Procesos poco comprendidos y considerados, como son el debilitamiento de la familia como célula básica de estabilidad de la sociedad. 4) El deterioro claro de la economía que produjo fundamentalmente mayores niveles de pobreza y una baja en los niveles de ingreso de muchos sectores de la sociedad.

La emergencia de la violencia en México podría también considerarse como consecuencia y cúspide de crisis fundamentales de la institución educativa mexicana. Durante años el gobierno mexicano gastó una parte de sus recursos en educación, sin embargo, el poco énfasis que se dio durante muchas décadas en la calidad educativa produjo sectores de la sociedad con capacidades y habilidades insuficientes para desenvolverse adecuadamente en un contexto cambiante de globalización económica y social. El problema de la violencia en Michoacán es multidimensional y necesitas de soluciones y respuestas que deben de darse desde distintas ópticas que no sean únicamente la visión policial prevaleciente hasta ahora en el gobierno federal y en los gobiernos estatales. Es necesario la construcción de una política integral que haga hincapié en aspectos sociales y económicos y pueda construir una cultura de la paz entendiendo a esta como un el cumplimiento de garantías básicas de convivencia entre los ciudadanos.

Capítulo 2. El problema policial en Michoacán

La Constitución Política de los Estados Unidos Mexicanos en su artículo 21 párrafo noveno establece que autoridades son competentes para proporcionar a la ciudadanía la seguridad pública que requiere al establecer:

"...La seguridad pública es una función a cargo de la Federación, el Distrito Federal, los Estados y los Municipios, que comprende la prevención de los delitos; la investigación y persecución para hacerla efectiva, así como la sanción de las infracciones administrativas, en los términos de la ley, en las respectivas competencias que esta Constitución señala. La actuación de las instituciones de seguridad pública se regirá por los principios de legalidad, objetividad, eficiencia, profesionalismo, honradez y respeto a los derechos humanos reconocidos en esta Constitución".

Michoacán cuenta con una fuerza de personal de Seguridad Pública, entre policías estatales y municipales, de ocho mil 307 elementos, de los cuales seis mil 255 han aprobado los controles de confianza, según datos proporcionados por el Sistema Nacional de Seguridad Publica, (2014) que proporciona seguridad a los cuatro millones 596 mil 499 habitantes de Michoacán, de acuerdo con la Proyección de la Población por Entidad Federativa 2015, del Consejo Nacional de Población, (2015).

En general, las policías tendrían que entenderse como parte del cuerpo administrativo de un estado moderno. Si se parte de que México no tuvo muchas de las características de un estado moderno se entendería parcialmente la debilidad estructural e histórica de las policías. La policía estatal en Michoacán refleja muchos de los problemas estructurales de legitimidad del gobierno estatal. Al igual que las policías municipales las policías estatales dependen directamente del gobierno del estado y carecen de la legitimidad necesaria para imponer el estado de derecho. Esta falta de autoridad es trasmitida a las policías estatales.

Por otro lado es importante considerar que dentro de la cultura burocrática del estado de Michoacán jamás se contempló la carrera policial como una actividad seria. No existía una tradición de crear centros de capacitación para las policías. La carrera policial, la creación de un sistema de estímulos y de desempeño jamás había sido un paradigma o una creencia de las clases gobernantes.

Esto se deriva del papel que dentro de la historia policía de Michoacán han tenido las policías que es la de ser un cuerpo represor del estado. Durante los años del gobierno priista, es necesario remontarse a este periodo de más de 60 años para comprender la situación actual del estado, las policías fueron una extensión del poder ejecutivo que gobernaba de manera vertical y sin la existencia de ningún tipo de contrapeso. A diferencia de otros aspectos como la educación la seguridad pública no era una prioridad para los gobiernos del PRI durante el presidencialismo mexicano. La tradición política mexicana desde la época de la colonia jamás enfatizo la existencia de un cuerpo armado que se encargara de hacer cumplir las leyes, simplemente porque las leyes no se cumplían y eran una mera formalidad dentro de un proceso aparente de democracia.

Tradicionalmente la policía en Michoacán ha sido utilizada para combatir grupos sociales opuestos al gobierno, estudiantes y por supuesto delincuentes. En este sentido, la relativa baja en los niveles de violencia de años pasados en comparación a los actuales tienen, quizás, su raíz en la capacidad de los gobiernos estatales por el uso irrestricto de los tiempo de partido único que posibilitaba el uso fuerza para la contención de los delitos por encima de los marcos legales. Sin la existencia de oficina de derechos humanos y con tribunales a modo de la autoridad, cualquier grupo criminal que empezara a imponer condiciones podía ser rápidamente eliminado.

Otro factor que debe considerarse es la inexistencia efectiva de una separación entre el poder legislativo y el poder judicial. Una condición real para lograr una policía eficaz es la existencia de un poder judicial autónomo del cual dependa la policía y que permita que esta puede implementar sus mandato aun por encima del poder ejecutivo, en México nunca ha existido era condición.

Para el caso concreto del estado de Michoacán no existe la perspectiva del logro de una consolidación democrática a corto ni mediano plazo que pueda dar a la entidad la legitimidad necesaria a los ojos de los ciudadanos para tener la condición de un Estado fuerte que pueda contar con una policía que lo represente. En la tentación de aplicar la ley discrecionalmente se encuentra una de las razones de la falta de credibilidad del pueblo en las policías. Es necesaria una real independencia del poder judicial respecto al poder ejecutivo que dé certeza y legitimidad a las acciones del gobierno.

La historia política reciente del estado de Michoacán se encuentra repleta de episodios de uso discrecional de la fuerza pública. Las manifestaciones de grupos sociales son recurrentes en Michoacán. Particularmente las de grupos organizados como sindicatos, destacándose el caso de los trabajadores de la educación y estudiantes normalistas. Desde mediados de la década de los noventa los maestros organizados han tenido como estrategia de negociación y de obtención de canonjías la manifestación callejera que incluye las tomas de carreteras, el cierre de vialidades, secuestro de unidades del trasporte público e incluso de funcionarios, quema de papelería y vehículos etc.

La mayor parte de las veces los Gobierno estatales no han aplicado el estado de derecho para contener la actividad de estos grupos delictivos. Por lo general, se dan procesos de negociación con los llamados maestros que han desembocado la mayor parte de las veces en concesiones políticas y sobre todo económicas. Estas concesiones han generado una situación en la que la educación en Michoacán se encuentra completamente politizada. La policía que debió haber sido un instrumento garante del imperio de la ley se convirtió en un instrumento de negociación política y de negociación de la ley. Además de los maestros, los estudiantes, también fueron objeto de un manejo discrecional de la política. Muchas veces las manifestaciones estudiantiles eran objeto de represión y otras no en función de las negociaciones políticas que se tuvieran con los grupos estudiantiles que eran manipulados por actores políticos.

Otro elemento que debe considerarse es el relativo a la escasez de recursos públicos para poder generar realmente una policía eficaz. Independientemente del uso político la escasez de recursos públicos es endémico en los estados de México. La mayor parte de los recursos provienen de la federación que se encarga de colectar impuestos y que luego reparte entre los estados. La falta de recursos ha sido clásica en Michoacán. El gobierno siempre ha mantenido otras prioridades como la educación y la salud en tanto que la seguridad pública ha tenido un papel muy secundario. Sin recursos públicos los gobiernos estatales no pueden contar con el dinero necesario para invertir en academias de policía adecuadas, capacitación constante, equipamiento, tecnología y lo más importante en un esquema de retribuciones adecuadas que deben incluir el acceso a seguros médicos y de vida.

Quizás lo más importante en el análisis de las policías estatales es la carencia de un modelo policiaco adecuado a las condiciones del estado y a la cultura política y ciudadana de los michoacanos. El establecimiento de un mando central de policías desde la capital del estado ha demostrado su ineficacia. Por otro lado, las experiencias de policía de proximidad tampoco han sido las más adecuadas. No existe una cultura de respeto de los ciudadanos hacia los policías. Tal vez en años pasados lo existió para los llamados veladores que eran policías que se encargaban de cuidar cuadras de casas y que eran bien vistos por la comunidad. Es necesario precisar un modelo de policía adecuado al estado.

También es necesario discutir la conveniencia de que los delitos de alto impacto, como el narcotráfico sean combatidos por policías federales que dependen del gobierno federal.

La experiencia de Michoacán demuestra que el que los delitos graves sean perseguidos por policías federales originó que los criminales presentaran el combate al narco como una intromisión del centro del país en la vida política. También permito que las policías estatales se desentendieran completamente de su responsabilidad con la ciudadanía en relación con su obligación de participar activamente en la persecución del crimen organizado.

Existen experiencias positivas de policías como en el caso de Cheran en el que la comunidad genero una policía propia formada con miembros de la comunidad bien armada y con amplia aceptación en la comunidad. Este cuerpo policiaco local se formó a partir de las incursiones de Talamontes de otras comunidades. En 2013 tuvo episodios de apoyo auténtico de la comunidad al detener el avance de grupos delincuenciales a esta región. La lección más importante que puede derivarse de la experiencia positiva de Cheran es la importancia de contar con un cuerpo policial que tenga el pleno apoyo de su comunidad. Sin embargo, no todas los municipios de México compartes las mismas características que Cherán. Los lazos que existen en esa comunidad son difícilmente replicables en otros lugares del estado

En general, el gran problema es desarrollar una policía eficaz en un contexto en que las estructuras políticas del estado de Michoacán, al igual que muchos otros gobiernos del país, se encuentran en un proceso de maduración y consolidación democrática. Los gobiernos estatales deberían ser los primeros garantes para lograr un estado de derecho que luego tendría que hacerse valer a través de una policía eficaz. Pero si no existe un estado democrático convencido de las bondades de la aplicación de la ley, la policía continuara siendo un cuerpo institucional que no logrará la aprobación de la sociedad y que sea efectivamente un órgano de cumplimiento de la ley.

Policías municipales

Una parte importante de las policías en Michoacán lo constituían las policías municipales. Cada uno de los 113 municipios de la entidad contaban con sus propios cuerpos policiales que realizaba labores de vigilancia. Por lo general, los policías municipales eran elegidos cada uno de los 3 años que duraba el periodo de gobierno de los alcaldes. Los policías municipales eran miembros de la comunidad los que se daba una arma y un uniforme para mantener las labores de vigilancia mínima en los municipios.

Los policías no contaban con entrenamiento, no existía un proceso de selección de acuerdo con aptitudes y cualidades básicas. Tampoco eran bien pagados y en muchos casos carecían de prestaciones sociales básicas. A pesar de todos estos inconvenientes durante un tiempo las policías municipales lograron mantener niveles de seguridad mínimos en sus comunidades. Durante los ochenta y parte de los noventa no existía el sentimiento de inseguridad en las comunidades como el que existe actualmente. De algún modo eras ciudadanos de los propios municipios los que se hacían cargo de la seguridad.

En medios de sus debilidades los policías municipales sobre todo en comunidades pequeñas permitían espacios de dialogo con la población. Existía cierto compromiso de los policías municipales en turno con sus vecinos, familiares y amigos. Después de todo, los periodos de gobierno eran de solo tres años después de los cuales tenían que integrarse a la actividad normal en sus comunidades.

La discusión que se ha dado sobre los policías municipales ha tenido a hacer una diferenciación muy mustia entre los distintos tipos de ayuntamientos. Específicamente, para el caso de Michoacán, nos es igual hablar del caso de la ciudad de Zamora, una ciudad más bien urbana, que una región como Chruumuco básicamente rural con un perfil completamente distinto de ciudad. Las policías municipales enfrentan problemas distintos dependiendo de la naturaleza de sus poblaciones y de las regiones en las que se encuentran.

La emergencia del narcotráfico y la descomposición de instituciones básicas de convivencia como lo es la familia y la economía contribuyeron a que el relativo espacio de paz que habían generados los policías municipales desapareciera. Hasta 1982 las tasas de crecimiento del país y las políticas asistencialistas del gobierno mexicano habían permitido una mejoría más o menos constante en las condiciones de vida de la población. Sin embargo, después de esa fecha los ajustes económicos generaron una mayor pobreza que pudo haber contribuido a un entorno más difícil para los cuerpos policiacos locales. Los problemas de las policías locales se enlazan con la crisis de los municipios en México. Sin la existencia de recursos financieros y de un cuerpo administrativo independiente los municipios tenderán a presentar baja gobernabilidad y las policías reflejaran esta situación.

Sin un sustento institucional adecuado los policías municipales se convirtieron en el primer blanco de los grupos del crimen organizado. Al contar con cierta estructura militar y armas de fuego los policías municipales se convirtieron en un paso obligado para la creación de una estructura criminal básica. En la mayor parte de los municipios, los únicos grupos armados eran precisamente los policías municipales y los que eran en teoría el principal obstáculo para la actividad delictiva de cualquier grupo, los grupos criminales pronto entendieron esto y se dieron a la tarea de cooptar a los policías municipales a través de la presión directa, o bien, a partir de la compra de estos.

Inicialmente estos procesos se dieron a nivel de los jefes policiacos locales, posteriormente el trato o negociación se daba con las autoridades municipales, principalmente el Presidente Municipal.

Aquellos policías municipales que no estaban interesados en supeditarse a los grupos criminales eran rápidamente asesinados. La manera más sencilla de control fue a partir del dinero. Los bajos salarios que se pagaban en la mayor parte de los policías municipales hacía muy atractivo para ellos el recibir dinero. Además, la situación de aceptación social que tenía la actividad del crimen organizado hacía que no fuera tan ilegítimo e inmoral el recibir dinero por parte de los grupos criminales. También los bajos niveles de capacitación implicaban bajos niveles de adoctrinamiento que hacía más fácil para los criminales el convencer pacíficamente a los policías de las relativas bondades de la corrupción criminal.

Existieron muy pocos casos en los cuales los policías municipales ejercían un gran defensa de la legalidad y la moralidad de su misión fundamental que era defender los intereses del pueblo. La mayor parte de los policías al observar los brutales niveles de corrupción y la ilegitimidad que presentaban las autoridades municipales de las cuales ellos dependían, les facilitaba todavía más la aceptación de una autoridad eterna que de alguna manera proveía legitimidad y justificación a sus acciones a partir de actuar supuestamente bajo ciertos principios morales. Hay que recordar que la principal oferta de los caballeros templarios fue la de proveer seguridad y protección a los ciudadanos frente a la violencia causada por cárteles externos a los michoacanos. Los grupos criminales en Michoacán aparecieron y fueron aceptados por la clase política del estado, inocentemente, a partir de una oferta de seguridad y de orden que el estado no podía proveer.

Adicionalmente, cooptar a la policía municipal aparecía como un objetivo más sencillo que el lograr comprar a la policía federal y a los militares que existían en las diversas zonas del estado, cooptados los policías municipales se tenía un importante apoyo logístico y táctico para evitar las acciones de la policía federal y de los militares. Los operativos policiacos del gobierno federal se realizaban sin ofrecer ninguna información a los policías municipales, más aún, la mayor parte de las acciones policiacas de gran envergadura empezaban precisamente por desarmar e investigar cuidadosamente a los policías locales.

Es también necesario decir que desde hace más de 15 años existieron diversos esfuerzos para organizar y controlar mejor a los policías municipales. El gobierno estatal había implementado diversos procesos para controlar las armas que utilizaban y para dar cursos de adiestramiento básicos a estos cuerpos policiales. Las patrullas, por ejemplo, eran provistas por el gobierno estatal y existía una señalización básica de toda la policía municipal en el estado, como muchos otros esfuerzos, estas iniciativas que tomó el gobierno estatal en los últimos 15 años no sirvieron de nada, ya que al iniciar la emergencia del problema de seguridad en el estado la mayor parte de las policías fueron cooptadas por los grupos criminales.

Conclusiones al capitulo

Las instituciones de policía en México enfrentan el gran reto de la optimización de sus resultados, el cual consiste en lograr que los ciudadanos se sientan tranquilos y ausentes de todo peligro, estos retos implican la modernización de las instituciones, la profesionalización de los policías, la revisión de sus funciones y el establecimientos de nuevas metas que permitan alcanzar el estado social óptimo para lograr el bienestar común. Todas las transformaciones que deben de realizarse en las instituciones de policía deben adaptarse a las necesidades de la sociedad, en esencia, pero además deben de tomar en cuenta el entorno internacional, para poder combatir a las organizaciones que como su denominación lo indican conforman la delincuencia organizada.

En nuestros días la policía se considera como un producto social necesario. La policía forma parte de las principales elementos de organización social que sostienen el modelo de Estado moderno, pero cada colectividad le ha asignado características diversas a lo largo de su historia, tanto formales como reales, que han tratado de resolver las demandas culturales, sociales, políticas y económicas que se crean a los largo de la historia.

La violencia derivada dl narcotráfico y de las contradicciones de las instituciones sociales en México continuaran en los próximos años. La única manera a corto plazo de mitigar la violencia es la de una policía eficaz que aumente las probabilidades de los grupos delictivos de que sus acciones criminales serán penalizadas. Para esto es necesario un nuevo arreglo institucional que genere las condiciones para crear una policía que realmente sirva a los intereses de la ciudadanía.

Los problemas de la policía en México tienen una raíz estructural que tiene que ver con la propia legitimidad del gobierno. Desde su independencia en 1821 México no ha vivido una situación de normalidad democrática. Las policías son un instrumento del Estado, desde una perspectiva clásica, que tienen como misión resguardar los intereses de los grupos dominantes. En el caso de una democracia los intereses de los grupos dominantes tendrían que ser los de los grupos de interés mayoritarios, esto es los de la mayor parte de la población.

Sin embargo, al no haber vivido México una situación de normalidad democrática, la policía se ha convertido en un instrumento al servicio del interés de la elite dominante. Particularmente durante los siglos de vida independiente de México los policías se vieron como representantes auténticos de la opresión y tiranía de los grupos dominantes. El contacto más cercano que tienen los ciudadanos es con los policías que reflejan precisamente la situación de opresión y descontento de los ciudadanos.

En el caso de Michoacán la situación de los policías no ha sido diferente. Dutrae el periodo de poder presidencial en el cual el Presidente en turno de la Republica desifnaba a los gobernadores, estos mantenían a la polica con un instrjumento de control de la sociedad,. SDi bien es cierto que la s policías realizan labores vigilancioa publica minima. También es cierto que las 'policias servían copmo instrumentods de control político del gobernador.

En el caso de Michoacán la policía tradicionalmente ha sido una institución al servicio del las élites políticas dominantes del estado. Michoacán desde su formación como estado independiente de la Republica jamás ha sido un entidad que haya vivido bajo las os mas mínimos niveles de normalidad democrática. Nunca se ha tenido una situación de democracia en la entidad. Por lo tanto, la policía nunca ha sido un instrumento que realmente sirva a los intereses genuinos de la sociedad sino más bien a los muy particulares intereses de las elites en turno.

Durante los años de gobierno bajo el poder un partido único en México, el PRI, Michoacán constituía una entidad gobernada bajo el control del gobernador en turno que también obedecía a una lógica de seguimiento al poder central del Presidente. Los diputados y los lalcdes no podrían ser reelectos y obedecían también a una lógica de sumisión al poder del gobernador del estados.

Por otro lado, existía también una total supeditación del poder judicial al poder ejecutivo. Los jueces, los agentes del ministerio público, el presidente del tribunal de justicia, eran designados por el gobernador del estado, en este contexto, la policía dependía también del poder ejecutivo. Aunque en teoría los cuerpos policiacos del estado tendrían que haber sido garantes del cumplimiento de la ley en los estados, al no existir una autoridad judicial independiente, en la práctica, la policía se convertía en un instrumento y en un empleado más del gobernados, los cuerpos policiales no tenían como misión el hacer respetar la ley, sino era una institución que realizaba de alguna manera labores de vigilancia básicas, pero que se encontraba completamente supeditada sobre todo a los intereses de los políticos locales.

Los casos de uso político de las policías son incontables. El régimen priista basaba en bueva medida su poder en la con curtación y negociación con los grupos sociales. Sin embargo, cuando esto no funcionaba siempre se encontraba opción de utilizar las fuerza pública como uh instrumento de control y sujeción. La total supeditación del sistema de impartición de justicia y de las policias permitía dar este uso. Unos de los grupos que mas sufrió esta estrategia fue la de los grupos estudiantiles y organizaciones campesinas. La sociedad claramente percibnio que la función de los policías tenía que ver mas con una labor de control social y político que de seguridad pública.

La mayor parte de los ciudadanos percibían como profundamente corrupto el sistema politivos. Una arista poca investigada es que la mayor parte de los, ciudadanos consideraban que la polica era un extensión de un gobierno corrupto y que no representaba el interés de los ciudadanos.

res de mayor tamaño o en el que sus características sociológicas sean distintas. El tejido social de dicha comunidad puede ser difícilmente replicable en otras instancias.

Capítulo 3. Violencia y migración internacional en el Estado de México[1]

Renato Salas Alfaro

Jerjes Aguirre Ochoa

Hasta finales del 2013, México es considerado como uno de los cinco países más peligrosos de América Latina; comparte su lugar con Venezuela, Honduras, Guatemala y Haití (El Financiero, 2014). La ocurrencia de delitos como el secuestro y la extorsión en gran parte del país, así como contra los migrantes centroamericanos –en ocasiones con la participación directa o con la permisividad de las autoridades– mexicanas son un distintivo (Meyer y Brewer, 2010). Además la violencia física y los conflictos (religiosos, étnicos, caciques, mafias), están empujando desplazamientos de más de 200 mil personas hacia otros lugares (Consejo Noruego de Refugiados, 2010), tan solo en el año 2011 el desplazamiento incluyó más de 26000 personas (CNN, 2012).

La violencia derivada de la guerra contra el narcotráfico que México emprendió en el 2006, ha provocado muertos, desaparecidos, secuestrados, huérfanos, viudas; organismos civiles denuncian el aumento del 500% en los casos de tortura durante 2006-2012, el cual relacionan con la estrategia de seguridad y advierten sobre su continuidad en el periodo 2012-2014, como método de investigación por las fuerzas de seguridad (Sinembargo, 2014). Un tipo de violencia genera otras, la sensación de violencia y la violencia concreta que existe en algunos entornos del país, ya no solo ocurre entre Gobierno-narcotráfico, más bien incluye las disputas entre carteles, autodefensas y otros. Así como un ampliamente reconocido entorno de corrupción, descontento social

[1] Este artículo fue publicado originalmente en Ánfora (diciembre 2015). Se reproduce con permiso del editor. Véase Aguirre Ochoa, Jerjes Izcoatl; Salas Alfaro, Renato; (2015). Violencia y migración internacional en el Estado de México. *Ánfora*, 99-123. migración internacional en el Estado de México Ánfora [en linea] 2015, 22.

y falta de oportunidades laborales. De hecho, algunos investigadores (Azaola, 2012), mencionan que México siempre ha tenido una tasa de homicidios elevada, la pobreza y exclusión social que restringe a los jóvenes acceder a buenos empleos y educación de calidad, promueve que algunos ingresen al crimen organizado o emigren buscando oportunidades; el Estado mexicano, no brinda lo necesario para el desarrollo personal y colectivo de sus ciudadanos; otro factor, es el incremento de la criminalidad y las fallas de las políticas implementadas, así como la impunidad, falta de capacidad para investigar y perseguir los delitos.

En el Estado de México las circunstancias son similares. Es la entidad más poblada del país con casi dieciséis millones de habitantes; más de dos tercios se concentran en la zona metropolitana del valle de México donde se aprecia contrastes entre el ambiente urbano desarrollado con zonas de pobreza, delincuencia, desempleo y otras características de desigualdad social. De acuerdo con el instituto mexicano para la competitividad, en el 2013, esta entidad junto con Guerrero, Chihuahua, Nuevo León y Jalisco, eran las más violentas del país. El Consejo Ciudadano para la Seguridad Pública y la Justicia Penal ubicó los municipios mexiquenses de Naucalpan, Ecatepec, Cuautitlán Izcalli, y Chalco entre los más violentos del país durante 2013 (Gil, 2014, p. 9). Secuestro, robo de vehículos, trata de personas y violencia de género, los principales delitos que se cometen en la entidad.

Resalta que alrededor de 90% de los delitos con un alto nivel de violencia en esta entidad tienen que ver con peleas entre narcos; el resultado son cadáveres colgados, quemados, asesinatos en restaurantes, bares, negocios cerrados por no pagar cuotas. Los datos de violencia ponen al Estado de México como la más peligrosa para que las mujeres puedan vivir. Del año 2005 a la fecha, cerca de mil 500 mujeres han sido asesinadas con exceso de violencia (Reyes, 2014b); la fuente relata que entre 2012-2013 se denunciaron tres mil violaciones a mujeres, de las cuales menos de una cuarta parte han sido investigadas.

Diversos reportes periodísticos (Reyes, 2014) señalan que en los últimos ocho años se cometieron tres mil asesinatos y al menos cuatro carteles se disputan 33 de los 125 municipios de la entidad; secuestran, extorsionan, asesinan, cobran impuestos a los comercios y someten alcaldes y policías (Gil, 2014, p. 7). De igual forma, puede leerse en notas periodísticas que en la entidad se detectan diversas drogas, laboratorios clandestinos, enfrentamientos entre autoridades y narcos, detenciones y fugas de delincuentes, se sabe de casos en los que la propia población golpea y lincha a los asaltantes.

En este entorno de distintas violencias se desenvuelve la migración internacional en el Estado de México, así como la migración de retorno. Dado que la población emigra de su lugar de residencia hacia otro cuando se convence de que en su contexto no podrá encontrar condiciones y oportunidades para construir su modo de vida; la situación real de falta de empleo, sub empleo, salarios bajos, difícil acceso a la salud y educación, diversas violencias físicas y emocionales, conflictos (religiosos, étnicos, caciques, mafias). Asimismo, la construcción de un modo de vida recibe influencias del entorno y requiere cierto nivel mínimo de activos y capacidades productivas para funcionar en forma sostenida, los cuales pueden ser económicos, financieros, sociales, humanos y naturales (Chambers y Conway, 1992). Cada uno de estos a su vez se ve influido en forma diferente por las condiciones del entorno, por ejemplo el capital económico-financiero, requiere seguridad institucional para poder desplegarse en forma productiva; el capital social y el humano de igual forma requieren estabilidad social para ejercerse a plenitud.

Los migrantes al retorno traen conocimientos, remesas, y activos socio personales que pueden emplear para construir un mejor modo de vida, pero la experiencia de la migración internacional en el Estado de México muestra que al menos la mitad de los migrantes que retornan, vuelven a emigrar al norte por diversas causas, entre ellas la violencia. En este sentido, resulta adecuado explorar cuales violencias (económica, social, personal y familiar)[2] originan la idea de emigración hacia el extranjero entre los mexiquenses, cuales afectan la reinserción socio productiva al retorno, lo que incluye el efecto que tienen sobre el empleo productivo de sus remesas, activos y conocimientos técnicos que traen consigo.

Hasta ahora prevalece la idea de que la emigración se produce en entornos de necesidad económica por un lado y en estrategias familiares por traer recursos a los hogares, mientras que cuando se relaciona la violencia con la migración suele agruparse en el desplazamiento forzado y enfocarla en aspectos concretos de amenaza a las vidas de las personas. Asimismo, el retorno se plantea como el cierre del ciclo migratorio y el cumplimiento del anhelo por residir en el lugar de origen, con posibilidades de encontrar condiciones adecuadas y aplicar los conocimientos y activos traídos. No obstante, con frecuencia las causales tanto de la migración como del ejercicio productivo de los activos en posesión al retorno, se encuentran asociadas con circunstancias específicas entre las cuales se encuentra las diferentes violencias del entorno, que si bien proporcionalmente no son las causales centrales de la emigración laboral, sí pueden estarse asociando a las circunstancias económicas y empujar la emigración de personas en lo particular; así, asociarse a la falta de apoyos institucionales al emprendimiento, a la inseguridad y otras que en

---

[2] Referimos la violencia económica como la falta de empleo e ingresos, el difícil acceso a los satisfactores socioeconómicos para la vida, la falta de confianza en las condiciones locales existentes para poder construir un modo de vida; la violencia social se refiere a las manifestaciones de inseguridad, miedo y temor a vivir en determinado lugar, la violencia personal y familiar la relacionamos a los problemas particulares en lo que se veían inmiscuido antes de emigrar y al retornó, así como al impacto psicológico que tenían a raíz de los problemas intrafamiliares. No obstante, de acuerdo a la Ley General de Acceso de las Mujeres a una Vida Libre de Violencia, que para el caso de las mujeres existen además otros tipos de violencia; violencia psicológica, física, patrimonial y sexual (DOF, 2014: 3).

conjunto refrenan las aspiraciones de emprendimiento en migrantes particulares, lo que contribuye al desuso del conocimiento técnico, activos y demás ideas que traen consigo los migrantes.

Metodología

Para realizar este estudio, se toma como referencia una muestra no probabilística de 334 migrantes retornados desde el extranjero hacia 37 municipios de los cuatro puntos cardinales del Estado de México. Los migrantes fueron contactados por bola de nieve y redes de parentesco, para ser entrevistados a profundidad entre diciembre de 2012, febrero de 2013. A todos se les aplicó una guía de entrevista que incluía sus motivaciones para emigrar, la vida que tuvieron en el extranjero, la acumulación de activos y conocimientos técnicos, las causas del retorno y el proceso de reinserción socio productiva que han tenido. De este modo, ante las evidencias de que al retorno es complicado ejercer productivamente los activos productivos y conocimientos que traen consigo los retornados tanto en este como en otros países (Callea, 1996; Thomas, 1999; Athukorala, 1990; Papail, 2003), en este trabajo la intención fue delimitar precisión las restricciones que en su caso limitarían el uso productivo de los conocimientos, ahorros y otros activos que adquirieron los migrantes en el extranjero y que traen consigo. En este caso, a partir de la voz del propio actor (Long, 2007), de las impresiones y aspiraciones del propio migrante retornado, se trató de delimitar en forma particular cómo las violencias que se viven en el entorno mexiquense podrían afectar tanto las ideas de emigrar, la emigración misma, y la reinserción socio-productiva al retorno.

Municipios de residencia de los retornados

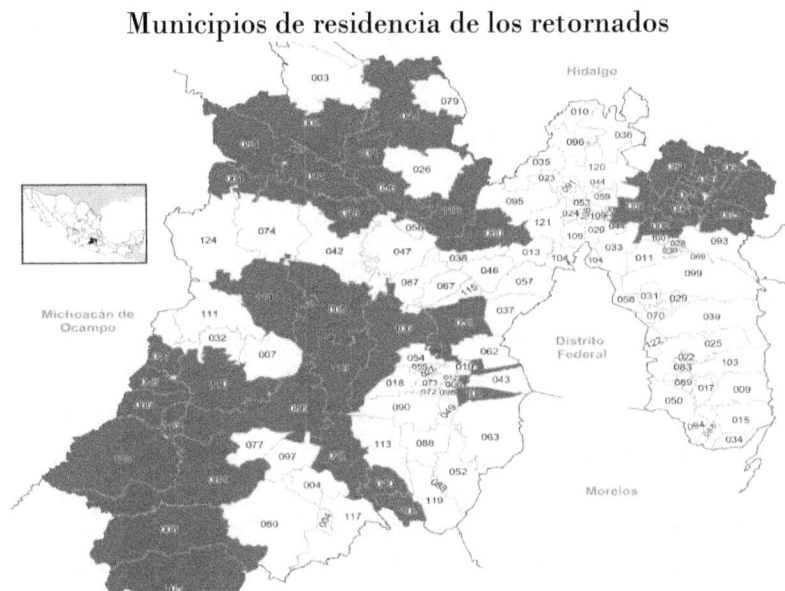

Fuente: elaboración propia

Resultados

Los resultados de esta investigación se exponen en tres apartados. El primero relacionado con la emigración, inicia exponiendo quiénes son los retornados, la forma en que se gesta la idea de emigrar y la influencia de ciertas violencias en esta decisión, así como aquellas violencias que afrontan en el traslado. El segundo apartado, expone los activos, los conocimientos técnicos y las capacidades personales que lograron acumular, se destaca el papel de las remesas enviadas como medio de acumular activos físicos en México, igual los esfuerzos y vivencias desarrollados en aquella vida y su influencia en la maduración personal de los retornados, al final se enfatiza los tipos de conocimientos básicos y calificados que aprendieron y que traen consigo a la entidad. El tercer apartado, se encarga de revisar la reinserción socio-productiva que han tenido al retorno, particularmente destaca la imposibilidad de aplicar productivamente todo lo que saben hacer, porque diversas restricciones les impiden ejercerlo productivamente; entre ellas se encuentran algunos tipos de violencia cotidiana que presenta la entidad.

MIGRACIÓN Y VIOLENCIA EN EL ESTADO DE MÉXICO

Si bien, esta muestra de retornados no representa a todos los migrantes de la entidad, sí cubre las circunstancias que envuelven al proceso migratorio, tanto en la salida como en la reinserción al retorno. En primera instancia puede decirse que los migrantes internacionales retornados de esta muestra, son 272 hombres (81%) y 62 mujeres (19%); una composición por sexo que refleja la tendencia histórica de la entidad, en la cual la migración internacional es dominada ampliamente por los hombres. Alrededor de la mitad de retornados realizó un solo viaje al extranjero, poco más de la mitad emigró estando solteros (55%), otros estaban casados (38%), el resto vivía en unión libre y divorciados. Hicieron su primera emigración a los 24.6 años de edad en promedio y una escolaridad de 9.06 grados acumulados; además con la migración algunos retornados lograron incrementaron su escolaridad en el extranjero y en México.

Aunque en la entidad se registran retornos desde el programa bracero, en esta muestra casi nueve de cada diez (89%) retornaron entre los años 2000-2010. A decir de ellos, la crisis económica y falta de empleo, el ambiente sociopolítico contra los inmigrantes que se vivía en aquel país, la propia decisión de retornar, estar con sus familias, fueron las causas que los trajeron de regreso a la entidad. De hecho, la estancia en el extranjero fue difícil para la mitad de retornados, el idioma, las costumbres, las reglas, vida solitaria, materialista; pero en cuatro de cada diez aquella vida les pareció buena y cómoda.

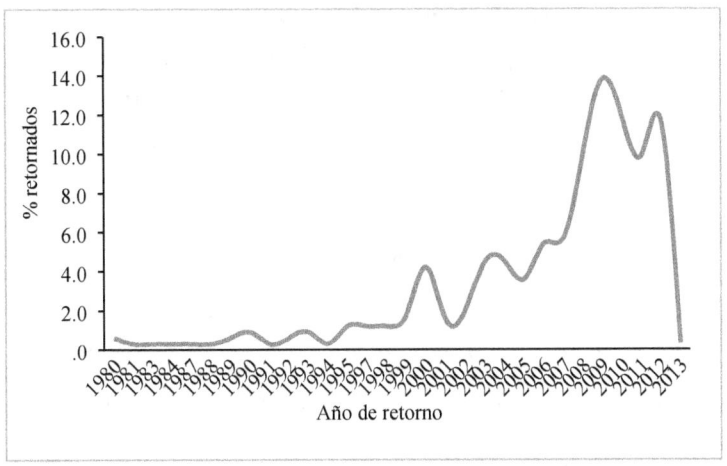

Gráfica -Años de retorno

Fuente: elaboración propia

Las ideas y la emigración. La necesidad económica es un tipo de violencia que obliga o incentiva a las personas a migrar (Azaola, 2012), aunque de hecho la migración mundial es apenas tres por ciento de la población total mundial, mientras la tasa de pobreza alcanza la mitad de la población en México y otras partes del mundo[3]. Esto sugiere que adicional a la carencia económica, intervienen otros aspectos del entorno local y externo que empujan y atraen a las personas para tomar la decisión de marcharse en busca de mejores opciones.

Aunque, en general, estos retornados emigraron por causales diversas, el efecto de la violencia económica sobre la migración se ilustra con esta muestra. Antes de emigrar, más de la mitad tenían una mala situación económica (57%): no encontraban empleo, tenían ingreso insuficiente y necesidades insatisfechas; el resto, vivía en situación regular y podían lidiar con sus problemas (20%), pocos empleos e ingresos estables (17%), el resto eran

---

[3] Datos al 2010, tomando us$1.25 por día como línea de pobreza; léase en el primer caso países como Camerún, Ruanda, Namibia, Ghana, Senegal, Mozambique; el segundo incluye Afganistán, Bangladesh, Bután, India, Irán, Pakistán, Sri Lanka, Nepal (Banco Mundial, 2014).

menores de edad. Más de la mitad emigraron cuando aún residían en casa de sus padres, incluso, teniendo su propia familia (55%); otros estaban en casa de la suegra, hermanos (5%), sólo 4 de cada 10 vivían con su propia familia en casa independiente.

Cuadro Situación económica antes de emigrar

	%
Casi *no había trabajo*, escaso, mal pagado	28.1
Muchas necesidades, mucha pobreza	21.56
Pocos ingresos, familia grande, hijos	3.9
Economía por los suelos, sin oportunidades	3.3
Regular	11.4
Un poco difícil, pero había trabajo	9.3
Bien, el sueldo alcanzaba	12.6
Había trabajo, buscaban mejorar	4.2
Estaba muy chico no ponía atención en eso	5.7
Total	100.0

Fuente: elaboración propia.

De este modo, comprar, construir y mejorar su casa, estaba entre los principales objetivos que llevaban consigo, aunque también mencionan intenciones de ahorrar, ayudar a la familia, comprar cosas, independizarse, visitar al esposo. Valga decir que son objetivos similares a los que buscan cumplir los migrantes de otras partes del país.

No obstante, como puede advertirse en estos retornados, para tomar la decisión de emigrar, a la problemática económica se suman otras violencias como la doméstica, aspectos personales, creencias y sueños respecto al norte. Como señala una mujer retornada:

> "Yo tenía 17 años, estaba un poco confundida de lo que quería, me faltaba un año para terminar la prepa, ya ahora que me regrese la vine a terminar, en ese tiempo también en parte porque había problemas familiares y me tuve que ir... me compartieron la experiencia unos amigos que se fueron, yo tenía una relación con uno de los chicos, era mi novio, llevábamos 3 años, entonces su familia me conocía y ellos sabían que su hijo se iba a ir, como yo les dije que me quería ir, los señores pensaron que teníamos planes de juntarnos y eso, entonces yo pude conseguir cinco mil pesos ellos me apoyaron con el resto..." (Abigail, 22 años).

En otros casos, la violencia familiar se une a la pobreza; en otros es la propia actitud conflictiva la que llevan a marchar hacia el norte:

> "Yo estaba muy niño y pues estaba bien, mi papá tenía un buen empleo como topógrafo en la junta de caminos, pero le surgió la oportunidad de los papeles y se tuvo que ir, bueno ellos tuvieron problemas y mejor fuimos un tiempo con mi mamá, pero sufríamos porque trabajaba y no le alcanzaba...entonces él nos llevó para allá, estábamos con nuestro papá, me sentía contento pero añoraba tener a mi mamá allá conmigo (Abel A., 28 años, entrevistado el 20/12/2012, Tejupilco, Estado de México).

> Me fui triste por dejar a mis amistades y familia, pero iba con muchas ganas de terminar la prepa, pues había tenido muchas dificultades aquí en mi casa, estaba peleado con mi mama y en la escuela

también había problemas, en ese tiempo había muchos problemas conmigo, pero pues iba emocionado quería trabajar y ahorrar para terminar la prepa por mis propios medios" (Edgar, 25 años).

La violencia doméstica es en verdad una causal que resalta en la emigración, pero siempre sumada a otras condicionantes y cuestiones personales:

"Mi papa fue como 30 años... yo todavía no nacía. Antes de irme era ayudante de albañil, carpintero y demás oficios, pero la cosa estaba mala, pésima... vivía con violencia intrafamiliar y mucha pobreza, éramos de los más rezagados de la colonia, quería ir, para ganar dinero, venir y seguir estudiando. Un buen día un tío me invito y dije pues vámonos, se dio cuando yo no tenía para la inscripción para el cuarto semestre, otra tía me prestó dinero y lo recupere trabajando" (Jorge, 33 años).

"Vivía regular, porque mi mamá era la que tenía que darnos estudio, trabajar y todo y pues teníamos que buscarle para echarle la mano, mi papá era alcohólico y mi mamá tenía que salir adelante. Pues la verdad te da tristeza irte, pero la situación económica estaba muy mala" (Lilia, 29 años).

Entre los retornados padres de familia, los desacuerdos intrafamiliares dieron forma a sus anhelos de migración para tener una casa:

"Me fui para poder hacer la casa mía y poder estar mejor, ya no estar rodando y que tienes problemas, por los niños más que nada, como mi hermana, mi hermano y yo tenemos hijos de la misma edad, que se están peleando y que luego le peguen a tu hijo o que luego el tuyo pegó o problemitas así... para tratar de estar solo, más que nada por eso lo hice, ya como que vivíamos muy amontonados, ahorita pues mi casa quedó a medias porque no la terminamos pero como sea ya andamos aquí, todavía le faltan muchas cosas pero se acabaron los problemas con mis hermanos..." (Anastasio, 36 años).

En otro retornado la violencia laboral de que fue objeto, se tradujo en deudas que le empujaron a migrar, cosa que no habían logrado hacer las insistencias de sus familiares para que emigrara, en su caso vendió activos y partió:

"Mi casita nada más era un baño, una cocina y un cuarto, me la regalo mi abuelita...yo trabaje en una empresa constructora en la planta de CFE de Ixtapatongo, hacíamos unos barrenos al cerro para sacarle agua, porque sacaron una turbina de la planta hidroeléctrica pero al quererla meter otra vez ya se había movido la tierra y dijeron que el cerro tenía mucha agua, me iba bien, me pagaban la renta de mi camioneta, pero un día me dijo el dueño métele dinero si tienes, te pago ahora que venga, no desconfiaba de él, gaste y no regreso, nunca me pago...y que hacía, pues irme a trabajar y reponerme, no sentí mucho el gasto porque tenía dos carros y los vendí, si hubiera conseguido, seguro que no me voy" (Joel, 54 años).

En suma, se advierte que si bien existen causas diversas que, proporcionalmente, son más importantes por las que los retornados emigraron al extranjero, es evidente que también algunas formas de violencia se conjugan con las causales económicas, inmadurez, diversas problemáticas personales, disposición de apoyos, desesperación y otras, para promover en conjunto la idea de emigrar y la emigración misma.

El traslado al extranjero. Los primeros viajes al extranjero que realizaron los retornados se registran desde 1965. Aunque hasta antes de 1994 apenas había emigrado una cuarta parte de los retornados de este estudio, en general tres cuartas partes de ellos realizó su primer viaje al exterior entre 1995-2012. Si bien las emigraciones ocurren en distintos tiempos, durante el traslado y cruce de la frontera, los retornados afrontaron violencia relacionada a extorsiones, asaltos, violaciones, vejaciones en ocasiones lo resentían en carne propia y en otras eran testigos de lo que ocurría en sus acompañantes. La mayoría emigró en forma indocumentada con ayuda de un coyote (96%), eso implicó atravesar nadando el Río Bravo, caminar el desierto y las montañas para cruzar la frontera con EU. Tres migrantes narran su odisea en el cruce de la frontera:

> "Me toco pasar con una señora de Cuba con 2 hijos que llevaba, el niño tenía como 9 años, la señora ya no podía caminar se desmayó una vez, y si estábamos ahí con ella, pero la segunda vez, el guía la abandono, el niño se quedó con ella, no supimos que paso, si murió, si la rescato el helicóptero...encuentras gente mala que te asaltan en el cerro, cholos, están esperando donde llevan la gente para que les des lo que llevas, pero bueno yo sabía que tenía que llevar 50 pesos para darles porque te apuntan con armas, están drogados no sabes si te pueden hacer daño, eso es el miedo..." (Araceli, 33 años).

> "A volver a intentarlo, lo pensé mucho, en la primera nos agarraron dos veces, es triste decirlo pero una persona por pisar mal se fracturo el pie, el coyote no quiso que lo apoyáramos, según llamo a sus amigos para que lo ayudaran, se queda ahí la muchacha, tirada con su pareja esperando apoyo, solo Dios sabe si regresaron por ellos...se viven muchas cosas. Por eso tenía miedo de intentarlo, mi papá todavía estaba allá y le decía mejor présteme para pasar por la línea, decía no pues es que si nos ponemos a pensar cuanto está el dólar, mejor lo

intento porque pues es otro dinero más que no lo tenemos a la mano, con miedo lo tuvimos que intentar nuevamente y bendito sea Dios, fue más rápido…" (Alejandro, 38 años).

"… me toco ir viendo cómo se iban casi muriendo la gente en nuestros ojos, los coyotes los iban dejando, vi un señor de Guerrero que iba con guaraches, se veía que era de campo con los pies bien partidos y boca seca, lo abandonaron en un brecha para que lo recogiera la migra, el coyote se drogó y se perdió del camino, de veinte que íbamos solo llegamos la mitad, los demás los iban abandonando…ya veíamos que no sobrevivíamos porque no teníamos agua, como estaba drogado no nos llevó a cargar agua, hasta que una tarde encontré lodo y les dije que ahí había agua, todos como animales nos hincamos a tomar lodo con nata de suciedad, gracias a eso aguantamos… tuve que orinarme en mi garrafón para que no tomaran de mi agua… nos decían que los que ya no aguantáramos les dijéramos y nos sacaban a una brecha, que les dieran chance de caminar al grupo una hora y que después hicieran una lumbre para que los viera la migra…" (Juan, 35 años).

Otro retornado comenta un caso de violencia que llegó a causarle problemas allá y acá con la familia de otro migrante que se había ido con él:

"Fui con un sobrino y paisanos, ese llevaba la mala suerte porque iba pelado como sardo y todos los retenes lo iban deteniendo porque parecía centroamericano, cuando pasamos en los primeros días ese murió… Pasamos encajuelados, el chavo entro primero, luego otro, luego yo y mi sobrino, donde ponen el estéreo del carro hay aire, pero el carro iba a vuelta de rueda porque estaba nevando en Tijuana... yo le preguntaba a los chavos ¿van bien?, si vamos chido no te preocupes, pero este chavo antes de irnos cenó y se intoxico con el humo del carro, cuando llegamos allá lo sacamos y no reacciono ni con alcohol, ni ajo y cebolla... dice el coyote vamos a llevarlo al hospital y ahorita lo traemos y yo le dije que si íbamos y dice no porque si van ustedes se nos cae el jale y aparte había como otros 20 pollos, entonces no nos dejaron ir, pero no fueron a un hospital sino que lo fueron a tirar a un parque. Los coyotes nos aventaron de carnada y nos agarró la migra, luego nos aventamos un mes para pasar otra vez, después empezamos a juntar dinero y mandamos a su familia como tres mil quinientos dólares, pero acá la familia la hizo de jamón... a mi esposa y mis hijos, echándole la bronca que nosotros habíamos sido unos asesinos, pero como allá se investigó todo el caso, al coyote lo metimos al bote por 13 años..." (Eligio, 54 años).

En síntesis, el cruce de la frontera es quizás la parte más difícil a la que se enfrentan los migrantes indocumentados en sus intenciones por llegar a los EU. La violencia que afrontan en esta etapa es frontal, las posibilidades de morir ahogado, de sed en el desierto, ser asaltado, ser abandonado por el guía y otros eventos traumáticos, son altas. Las experiencias que se vivencian en esta etapa los persiguen durante buen tiempo.

Los activos acumulados

En su andar migratorio, los retornados pudieron acumular activos físicos y productivos, diversas capacidades personales y conocimientos técnicos prácticos. Al retorno todo esto vuelve con ellos y pueden fungir como soportes para reinsertarse en sus localidades.

Cuando estaban en el extranjero, la mayoría de retornados mandó dólares a casa regularmente (85%) y en forma irregular (7%).

Entre los motivos para mandar dinero, destaca el compromiso de apoyar a sus familias, hacer un ahorro y construir algún patrimonio en México. Como se aprecia en el cuadro 2, más de la mitad lograron construir, reparar y remodelar sus casas, otros compraron autos y camionetas (11%), algunos más lograron financiar pequeños negocios de abarrotes, taxis, talleres diversos, tractores, adquirieron herramientas de trabajo, equipamiento doméstico, animales y construcción de infraestructura para criarlos, ahorro líquido.

Cuadro 2.- Activos en México

	%
Terreno, casa	58.4
Auto, camioneta	11.4
Negocio propio*	8.68
Equipamiento**	2.4
Animales, ahorro	2.99
Educación, familiares, hijos	3.0
Manutención, ropa	0.6
Fiestas, boda,	0.6
Funeral, enfermedad, deuda	0.6
Nada, casi nada	11.4

Fuente: elaboración propia *incluye abarrotes, miscelánea, ciber, materiales de construcción, comercio y puestos ambulantes, taxi, taller, volteo, combi, tractor ** incluye computadoras, muebles diversos para la casa, herramienta de trabajo y doméstica

La acumulación de activos y capacidades productivas es importante porque permite que los hogares se cubran contra las adversidades económicas; con ellos, pueden obtener ingresos para subsistir, generar autoempleo, hasta seguir acumulando y estabilizar sus formas de vida (Banco Mundial, 2001; Chambers y Cohen, 1992). No obstante, no todos los activos cumplen la función de protección en los hogares, ni todos pueden mejorar los modos de vida, la calidad, cantidad y empleabilidad de éstos, también es importante. En este caso, puede cuestionarse que algunos retornados, dejaron sus viviendas a medio terminar; la mayoría de negocios son de manejo familiar y requieren recursos para mejorarlos, aunque también se registran algunas inversiones en negocios grandes, pero son pocos. En general la mayoría de activos no son netamente productivos aunque sí conforman un patrimonio; es difícil que en una comunidad rural de la entidad una casa pueda rentarse y obtener ingreso, pero es evidente que en una localidad urbana esto mismo es posible.

Adicional a los activos físicos y productivos ya referidos, los retornados adquirieron capacidades personales. Por ejemplo, nueve de cada diez, consideran que su migración les cambió la forma de pensar y hacer su vida cotidiana; mencionan que al retorno pueden ver mejor las cosas, que desarrollaron habilidades de sobrevivencia, que aprendieron a ser más sociables, algunos se sienten más maduros, responsables y unidos a su familia; los demás hablan de haber adquirido vicios y que tuvieron separación familiar (8%).

Asimismo, a través de sus experiencias laborales, capacitaciones, nuevos hábitos y otras cosas a las que tuvieron que acomodarse, los retornados adquirieron conocimientos técnicos. En el cuadro 3, se aprecia que sólo dos retornados no laboraron en el extranjero, pero una tercera parte de ellos saben hacer comida internacional, dirigir cocina en restaurant, comida rápida, tareas de ayudante de cocina, meseros; una cuarta parte, saben hacer desde labores de ayudante de construcción hasta coordinadores de obra[4]. Algunos

---

[4] Esta área abarca desde ayudantes de albañil en general, manejo de

portan saberes en mecánica, soldadura, electricidad y laminería automotriz. Uno de cada seis puede realizar labores de campo, producción, pizca de frutales y verduras, cuidado, engorda y sacrificio de animales (pollos, cerdos, becerros, borregos), jardinería, operación de invernaderos con y sin tecnología.

Un diez por ciento trajo conocimientos como encargado de supermercado, lavandería, rosticería y otros negocios pequeños. Otros trajeron conocimientos en taller de costura (máquinas y procesos productivos), cuidar personas, diversos tipos de ventas de calle, chofer, hacer muebles de madera y metal, limpiar casas y negocios.

Cuadro Conocimiento práctico al retorno

Tipo de conocimiento	%
Cocinero, hacer comida, italiana, griega, china, dirigir cocina	11.1
Comida rápida, hamburguesas, burritos	4.8
Ayudante cocina (salsa, cortar cebolla, hacer, ensaladas, hornear)	4.5
Maneja maquina lava losa	3.3
Atención al cliente, mesero, garrotero	5.4
Ayudante de albañil, maquinaria pesada de construcción	8.4
Roofing, techos de madera, tejas, casas de madera	6.0

maquinaria pesada para hacer demoliciones, instalar techos de madera y teja, paredes de tabla roca, construir casas de madera, detallar casas, poner pisos de cerámica, madera, alfombra, pintar casas, y otras relacionadas.

Albañilería, construcción, demoler, detallar casas, tabla roca	5.4
Contratista, poner pisos, madera, cerámica, alfombra	3.3
Pintar casas, barnizar	2.4
Mecánica, arreglar carros, modificarlos	0.6
Soldadura automotriz, pintura, laminería	0.6
Ensamblar alternadores	0.3
Rastro, carnicero, engorda de cerdos, pollos, camarones	1.5
Labores de rancho	1.5
Pizca, campo	5.4
Jardinería (yarda, podar, pintar, cuidar plantas, preparar tierra.)	6.9
Invernadero, plantar, cortar flor	1.5
Disciplina de obrero, empleado, vendedor, tienda, supermercado	6.6
Sabe hacer equipos de trabajo, gerente, supervisor, jefe de grupo	2.1
Almacenista, clasificar telas, manejar torno, otras maquinas	1.2
Costura	3.0
Niñera, enfermero	1.5
Reparar lavadoras, podadoras, técnico electrónica, inst. eléctricas	1.8
Hacer muebles, tapizarlos	1.5
Soldadura de naves, de PVC, herrería, plomería	1.2
Ventas de calle, paletas, ropa, tenis, propio	2.1

Chofer de camión pesado, volteo	0.9
Limpieza de casas, hoteles, manejo de químicos	3.3

Fuente: elaboración propia *un caso se dedica a la promoción de artistas (0.3%), otro al mantenimiento de albercas y cocinas, otro más a las labores de joyería. También pueden distinguirse en conocimientos calificados y básicos[5]. En los primeros, hubo algún grado de calificación, experiencia, manejo del idioma inglés y responsabilidad personal para realizarlos; los segundos son labores básicas y ayudantes generales. Más de la mitad de retornados trajo conocimientos técnicos calificados (57%), Un 57% de los retornados trajo conocimientos técnicos calificados, los demás sólo conocimientos básicos (42.5%). Es decir, una primera restricción para darles uso productivo al retorno, deriva de la baja calificación que tienen algunos conocimientos y del poco manejo para aplicarlos:

> "...hubiera anotado todas las recetas pero nunca las apunte y ese fue el problema y como en el restaurante que trabajaba era italiano y hacían muchas pastas, yo sentía que eran muy fáciles y si eran muy ricas nomas que allá estaba fastidiado de ellas, ya después aquí las empecé a extrañar, hay me

---

[5] El conocimiento calificado fue agregado según el nivel de habilidad y conocimiento que exigió realizar ese trabajo en EU, así como el grado de manejo que tienen y la certeza de que con ese conocimiento pueden dedicarse a trabajar o emprender una actividad. Por ejemplo, un maestro albañil es calificado, mientras un ayudante de albañil es básico, un ayudante de cocina que tomó cursos de higiene y salubridad y que cortaba verduras, hacia ensaladas y movía la parrilla es calificado, mientras un ayudante de cocina que hacia limpieza es básico, un cocinero es calificado mientras un mesero no, un encargado, supervisor de obra, negocio y demás, es calificado, un mecánico automotriz y un laminero es calificado, un ayudante no; la clasificación se realiza de acuerdo a sus propios testimonios, según la valoración que en EU se daba a ese empleo y tarea que realizaban.

salen más o menos pero no así como para trabajar en eso" (Antonio, 34 años).

También destaca que no todos los conocimientos calificados fueron adquiridos en el extranjero; algunos retornados sólo se adicionaron aprendizajes a lo que ya sabían hacer en México (albañil, cuidar niños, chofer, costura, estilismo, mecánica), otros, se agregaron nuevas formas de hacer las tareas, la obligación de aprender las normas, actuar con más respeto en sus trabajos (choferes industriales, cocineros, obreros especializados):

> "...ahorita pues hago lo mismo de manejar carros pesados y retroexcavadoras, aunque trabajo junto con mi papá...solo que cada quien lo suyo, allá fue lo mismo que sabía hacer, no hubo muchas cosas nuevas que aprender, solo no maneje camiones grandes pero ya sabía lo de las máquinas, mejore en el manejo porque allá es más responsabilidad, es más calidad y debe uno hacer las cosas con más cuidado" (Gerardo, 23 años).

El envío de remesas facilitó a la mayoría de retornados acumular algún activo físico y productivo en sus localidades; la mayoría no son netamente productivos pero ayudan a vivir mejor y conforman un patrimonio del cual pueden disponer. Los negocios, animales, talleres y otras inversiones son productivas, aunque en pequeña escala y de manejo familiar. Las actitudes personales, se ejercen en el hogar, la familia, las amistades y en sus labores cotidianas, pero no generan recursos directamente. Los conocimientos técnicos son quienes pueden tener una empleabilidad directa, casi todos traen consigo algún conocimiento laboral practico.

El retorno y la reinserción

Los conocimientos técnicos, los hábitos de conducta y los activos, pueden ser desplegados en tareas productivas al retorno, lo que podría ayudarles a vivir mejor. No obstante, diversas restricciones entre ellas la violencia que existe en la entidad inhiben en algunos casos el uso productivo de estos componentes.

De hecho, tres cuartas partes de retornados (73%) ven difícil su reinserción productiva porque el panorama local de oportunidades para emplear sus activos es limitado. Muchas cosas de las que ellos saben hacer, o en las que desean emprender algún negocio, no se realizan en los entornos donde residen; en otros casos, se quejan de que les pagan poco. En general, la falta de oportunidades laborales es una preocupación básica, pero también la corrupción institucional, la falta de financiamiento para el emprendimiento, la confianza personal para invertir; en menores proporciones mencionan la discriminación por la edad, el género, la preñez, el estado civil. Entre estas restricciones, las distintas formas de violencia desincentivan la inversión, apertura de otros negocios, emprender proyectos productivos y sociales que podrían beneficiar a la localidad de origen.

En algunos casos, la inseguridad, la corrupción y el papeleo, los desincentiva para invertir:

> "El norte, me ayudo a tener un ahorro principalmente, si veo que hay oportunidades nomas que son muy mal pagadas, o te ponen muchas trabas para poner un negocio y por eso hay muchos comercios informales… A mí me gustaría… que se mejore la seguridad del país porque está muy difícil que nosotros con la violencia que hay aquí, muy difícil que podamos invertir en algo…" (Miguel, 37 años).

> "Estaba yo pensando comprar otro taxi o ponerme otro negocio, lo que Dios diga, pero tú sabes cómo está la situación [Se refiere a secuestros y extorsiones en la región], si pudiera invertiría en un negocio de comida italiana, comida dietética, allá trabaje en un restaurant donde hacían puros

sándwiches de comida dietética, eso me gustaría, pero esta duro... los policías de Estados Unidos te hablan, te detienen, te checan y tienen la educación, ves un policía y te sientes seguro, pero aquí no..." (Alberto, 27 años).

La situación de inseguridad y sus estragos tienen secuelas en los retornados, sobre todo en sus iniciativas de emprendimiento:

"Puse una tortillería, pero por la situación de que hay aquí en el país, como se le puede llamar, la situación de la problemática que hay en nuestro país, los carteles me levantaron por envidia de los tortilleros, yo tenía bastante trabajo, me levantó uno de los grupos delictivos que hay en Arcelia, me dio miedo y tuve que vender mi máquina, eso fue en el 2009, me espante y me fui a Cuernavaca, Toluca, Acapulco, con mi familia, me entro un pánico, temor, me daba miedo salir a la puerta de la casa. Después mi hijo el mayor arreglo el problema y me dieron chance de regresar, me puse un negocito de bolsas y copiadoras y aquí estamos trabajando" (Sandino, 46 años).

En otros casos, es la falta de financiamiento para echar a andar sus ideas productivas:

"En primera mi hija y mi esposa que todo lo que yo mandaba para México era para la casa y ahora si para que no les faltara nada ya sea económicamente y una casa decente...tuve la ilusión de participar en una inversión desde Estados Unidos, que era lo de la barbacoa, este desafortunadamente como uno es ilegal, no puede, no tiene acceso al mercado para poder hacer un negocio y acá pues es también difícil, falta apoyo mucho apoyo aunque uno tenga ideas de hacer algo..." (Omar, 36 años).

> "Pienso que las oportunidades las agarra la gente que tiene más dinero y que está allegado a los políticos...se necesita dar los créditos directos al que los ocupa sin intermediarios, que se den directos para que la gente haga lo que cree conveniente...si por ejemplo me dan un crédito para sembrar y no tenemos agua de regadío, en vez de ayudar me perjudican porque dan el crédito y tenemos que pagarlo, pero de donde lo pagamos" (Simeón, 52 años).

En otros casos, la falta de financiamiento se suma a los temores del chantaje y la extorsión en algunas zonas del estado de México. Si bien las ideas de emprendimiento, no aseguran un emprendimiento efectivo, vale destacar sus ideas:

> "Pues yo si tuviera la posibilidad, quisiera tener un negocio... ya le intente una vez y no funciono pero...me gustaría poner un invernadero eso es lo que sé hacer, aunque me falta dinero, creo que me falta más apoyo, de hecho falta apoyo a las microempresas, porque si pones un negocio lo primero que hacen es ir a cobrarte una cosa y cobrarte otra cosa ya sabes [se refiere a extorsiones del crimen organizado], te tardas más en pagar que lo que estás logrando y no sacas ni para pagar a unos ni a otros [extorsiones], menos ni para comer" (Anastasio, 36 años).

Otros retornados aluden la inseguridad como base para mantener la idea del norte.

> "Si, EU es diferente, pero a México siempre lo vas a ver bonito, porque es tu país. Pero en seguridad allá esta mejor, todo es más seguro, porque si pasa un accidente nomás marcas a la policía y luego llegan, porque casi la policía está fuera de la casa y aquí no, allá está más seguro uno, es más vigilancia, aquí hay poca y como si no hubiera porque no hacen lo

que deben, allá si hacen su trabajo. Si te enfermas la ambulancia viene de volada a llevarte al hospital, aquí no llega nunca..." (Angélica, 41 años).

"Aquí lo que hace falta es más seguridad que todo mundo pide y que no tengamos tanta corrupción por los policías. Son muy pocas las oportunidades para salir adelante y muy vagas porque para agarrar una oportunidad aquí en México necesitas tener palancas... es por eso que uno se desilusiona...los mendigos gobernantes que tenemos aquí en el país nada más piensan para su bolsa y se olvidan realmente de la gente, prometen y prometen y no cumplen, por ejemplo yo soy técnico en informática y pido empleo pero me dicen que necesito mínimo cinco años de experiencia, pues de donde voy a tener experiencia si no me dan trabajo, además para estudiar necesitas dinero porque la universidad es muy cara...esos son los tantos detalles que no te dejan avanzar" (Julio, 33 años).

En otros retornados, la reinserción productiva se complica porque se presentan situaciones de discriminación por la edad

"En México hay oportunidades pero cuesta, en primera la edad, allá no importa la edad y cualquier trabajo lo puedes desempeñar, cosa que aquí no, aquí te piden de 18-35 años, te piden secundaria hasta para ser de intendencia, se me hace ilógico que para limpiar el piso te pidan eso, todavía te piden experiencia, entonces en tu propio país te limitan...aquí una persona mayor como yo no tenemos chance... ahorita en las tiendas veo que a los señores que les llaman cerillos, es bueno que les dan esas oportunidades...pero hace falta valores morales, aquí en las tiendas que he trabajado, la jefa se siente jefa y las compañeras se sienten más que cualquier cosa, y allá desde que entras te dan una sonrisa, una bienvenida, de cualquier cosa te dan las gracias y te piden por favor, y aquí te ofenden..." (Isaura., 59 años).

"...aquí en México estamos mal, porque ya que tienes cierta edad te marginan...en Estados Unidos ni siquiera te preguntan la edad, yo me acuerdo que a mí me decían si tienes algún amigo dile que se venga pero que sea igual de trabajador. Aquí uno puede saber mucho, pero no te dan chance, es política pero el que sepa más es el que marginan. Yo he sido tesorero dos veces, me decían ya cuando se iba a terminar el ciclo del trabajo y ahora a que te vas a dedicar, yo decía con lo que sé me van a andar buscando, pero cual, la gente dice este ya sabe mucho, nos va a llevar al baile, no me conviene, total te quedas fuera..." (Joel, 54 años).

Como se advierte en las narraciones, la violencia en sus diferentes formas como el chantaje, la extorsión, la inseguridad y otras, no es la única condicionante que los retornados afrontan cuando buscan su reinserción socio productiva, tampoco es la más importante entre las restricciones que los desmotivan al retorno. Pero es una barrera que sumada a las demás, afecta sobre todo a los retornados que buscan aplicar productivamente sus recursos como la inversión de remesas, emprender proyectos sociales y productivos, ampliar algún tipo de negocio. Es decir, la violencia frena el emprendimiento de algunos retornados que tienen esa intención y que podrían poner el ejemplo en sus localidades, generar empleos para otros lugareños e incluso hasta dar nacimiento a la cultura emprendedora regional.

Conclusiones

Aunque algunos migrantes ven la emigración como una forma de salir y no volver, la mayoría trasiega con ellos la nostalgia del retorno. Cuando retornan suelen tener confrontaciones entre lo que aspiraban encontrar y la realidad que los recibe en sus localidades. De hecho, los retornados mexiquenses que hicieron más de un viaje al extranjero, señalan que en sus retornos intermedios buscaban quedarse pero encontraban empleos mal pagados, no recibían apoyos para emprendimiento, ni para ejercer sus aprendizajes, además los trámites, corrupción y el miedo a la violencia que se vive en la entidad se sumaban para empujarlos de nuevo al norte. Como fue referido, la violencia en México es un aspecto crítico a nivel federal (Miranda, 2014), pero igual ocurre en el estado de México. En este clima de diversas violencias que se manifiestan en la entidad desde hace tiempo, a las cuales se agrega la reciente explosión de la violencia criminal, se suman también las distintas causales de carencias económicas, problemas familiares y personales, que dan lugar a la gestación de la idea de emigrar al extranjero. Es decir, algunas formas de violencia se conjugan con necesidades económicas, inmadurez, diversas problemáticas personales, disposición de apoyos, desesperación por salir adelante y otras que en conjunto promueven la idea de emigrar.

De acuerdo con sus testimonios, retornan con intenciones de establecerse en la entidad, criar a sus hijos en México, emprender algún negocio, tener mayor libertad y movilidad socio-familiar, entre otras aspiraciones, traen con ellos diversos ahorros, activos físicos, conocimientos y actitudes que pueden emplear productivamente y vivir de ellos en sus localidades. Según la previsión de los expertos en desarrollo, la acumulación de activos productivos es necesaria y debe fomentarse porque permite mejorar los modos de vida y saltar el círculo de pobreza de la población (Banco Mundial, 2001; Chambers y Cohen, 1992), en el caso de los retornados mexiquenses es notorio que lograron acumular diversos activos, algunos de bienestar y patrimonio, pero otros netamente productivos como sus inversiones en negocios, animales, maquinaria y herramientas, además de ahorros y conocimientos laborales.

No obstante, al retorno distintas restricciones institucionales (corrupción y trabas institucionales, falta de apoyo, burocracia), sociales (discriminación por edad, preñez, aspecto físico) y personales (flojera, edad, motivación, enfermedad). A esto se suma la presión que les infringe la violencia ligada al crimen organizado (robo, secuestros, crímenes, extorsiones), que explosionó apenas en esta última década y que es la que más les afecta al retorno. De este modo, la violencia, sobre todo la criminal, aunque no es la restricción de mayor peso, inhibe la reinserción productiva y frena el uso de los recursos productivos, la inversión de remesas, emprender proyectos sociales y productivos, ampliar algún tipo de negocio. Con esto, también se frena la posibilidad de que los retornados puedan contribuir más a sus localidades de origen, generar algunos empleos e, incluso, dar nacimiento a una cultura emprendedora.

Bibliografía del capitulo

Athukorala, P. (1990). International contract and the reintegration of return migrants: the experience of Sri Lanka. International Migration Review, 24(2), 323-346. Special issue: Labor recruiting organizations in the developing world (Sumer).

Azaola, E. (2012). Entender la violencia. Revista Desacatos, (40), 7-10. Banco Mundial (2001). Informe sobre el desarrollo mundial 2000/2001 lucha contra la pobreza. Mundi-prensa. Banco Mundial (2014). Pobreza. Recuperado de: http://datos.bancomundial. org/tema/pobreza.

Boehm, C. (2014). Warfare and feuding in pleistocene societies. Ponencia presentada el Center for Academic Research and Training in Anthropogeny. Recuperado de: http://carta.anthropogeny.org/events/male-aggression-and-violence-human-evolution

Callea, S. (1996). Diferent forms, reasons and motivations for return migration of persons who voluntarily decide to return to their countries of origin. International Migration, 24(1), 61-76.

Chambers, R. y Gordon C. (1992). Sustainable rural livelihoods: practical concepts for the 21st Century. University of Sussex, Brighton. CNN (2012). La violencia desplazó a más de 26,000 personas en México en 2011: estudio. Recuperado de: http://mexico.cnn.com/nacional/2012/04/19/ la-violencia-desplazo-a-mas-de-26000-personas-en-mexico-en-2011

Consejo Noruego de Refugiados (2010). Informe del Observatorio de Desplazamiento Interno del Consejo Noruego para Refugiados sobre el desplazamiento forzado en México a consecuencia de la violencia de los cárteles de la droga. Recuperado de: http://www.acnur.org/t3/uploads/pics/ Mexico_-_Desplazamiento_debido_a_violencia_criminal_y_comunal_-_IDMC_2011.pdf ?view=1

Diario Oficial de la Federación (2014). Ley General de Acceso de las Mujeres a una Vida Libre de Violencia. Recuperado de: http://www.diputados.gob. mx/LeyesBiblio/pdf/LGAMVLV.pdf

El Financiero (2014). México, dentro de los 5 países más peligrosos de América Latina. Recuperado de: http://www.elfinanciero.com.mx/ economia/mexico-dentro-de-los-cinco-mas-peligros-de-america-latina. html

Easterly, W. (2001). En busca del crecimiento. Barcelona, España: Ed. Antoni Bosch. Jiménez, F. (2012). Conocer para comprender la violencia: origen, causas y realidad. Convergencia, Revista de Ciencias Sociales, 19(58), 13-52.

Gil, J. (2014). Cuatro carteles en Guerra por el Botín mexiquense. Revista Proceso, núm. 1950. Long, N. (2007). Sociología del desarrollo: una perspectiva centrada en el actor. San Luis Potosi: Ciesas, Colsan.

Meyer, M. y Stephanie B. (2010). Un trayecto peligroso por México: Violaciones a derechos humanos en contra de los migrantes en tránsito. Programa para México y Centroamérica de la Oficina en Washington para Asuntos Latinoamericanos (WOLA).

Miranda, J. (2014). El costo de la violencia en México. La Jornada, lunes 14 de julio, p. 29. Recuperado de: http://www.jornada.unam.mx/2014/07/14/ economia/029n1eco

Papail, J. (junio, 2003). Migraciones internacionales y familias en áreas urbanas del centro occidente de México. Revista Papeles de Población, (9), 109-131. CIEAP UAEM.

Reyes, E. (2014a). Inseguridad se agravó en gobierno de Eruviel Ávila. Recuperado de: http://www.elfinanciero.com.mx/sociedad/inseguridad-se-agravo-en-gobierno-de- ruviel-avila-afirma-especialista.htm

Reyes, E. (2014b). Crímenes contra mujeres en Edomex quedan impunes, acusan. Recuperado de: http://www.elfinanciero.com.mx/sociedad/mujeres-las-mas-vulnerables-en-edomex.html

Rojas, L. (2005), Las semillas de la violencia. Madrid. España: Espasa-Calpe. Sin embargo (30 de marzo 2014). Relator de la ONU recibe reporte negro de las ONGs: 500% más tortura con Calderón, y sigue igual con EPN. Recuperado de: http://www.sinembargo.mx/23-04-2014/970347

Thomas, E. (1999). Return migration to Jamaica and its development potential. International Migration, 37(1), 183-205.

Capítulo 4. En dirección a la definición del problema público de la Construcción de la paz: un estudio de la UMSNH

Antonio Rojas Ávila

José Odón García García

En el informe del Índice de Paz Global de 2016, México es el país con mayor número de muertes por conflictos internos en todo el mundo, por encima de países como Irak, Afganistán o Sudán del Sur. Este último es el sexto peor país del mundo en esta variable, y México triplica su tasa de muertes, lo que implica que el único Estado del mundo comparable a nuestro país es Irak, y todos los demás se encuentran muy lejos de su nivel.

México ocupa en el IPG 2016 la posición 140 del mundo, sobre 163 países, al nivel de países como Venezuela (143) o Israel (144), lo que lo ubica en la sexta parte más violenta del mundo. El país es, por amplia distancia, el menos pacífico de la región y el antepenúltimo del continente.[6]

Otra forma de formular estos datos es diciendo que alrededor del 86% del mundo es más pacífico que México, o que nuestro país es más violento que el 89% de los países del África Subsahariana.

Actualmente, y a pesar de todos los esfuerzos de las agencias federales de seguridad interna, Michoacán es uno de los estados menos pacíficos de México. Es decir, es una de las regiones más violentas de uno de los países más violentos del mundo.

---

[6] Institute for Economics and Peace, *Global Peace Index 2016: Ten years of measuring peace.* Archivo electrónico en su página Web http://economicsandpeace.org/

Según los últimos datos oficiales del Secretariado Ejecutivo del Sistema Nacional de Seguridad Pública (SESNSP), Michoacán nunca ha dejado de ser uno de los estados más violentos del país en las últimas dos décadas, y a pesar de los duros operativos del gobierno federal para desarticular a las bandas criminales y capturar tanto a sus cabecillas como a los funcionarios públicos asociados y/o cooptados a sus intereses, en los últimos años la violencia ha retomado su ascenso continuo.

En cifras oficiales, hay una tendencia general de reducción del número de delitos hacia 2005, cuando se da un punto de inflexión y comienzan a ascender hasta 2014, cuando tan solo en cinco meses del año el promedio de delitos es mayor a cualquiera de los años completos de 1999 a 2005.[7]

Incidencia Delitos Violentos en Michoacán 1997-2013

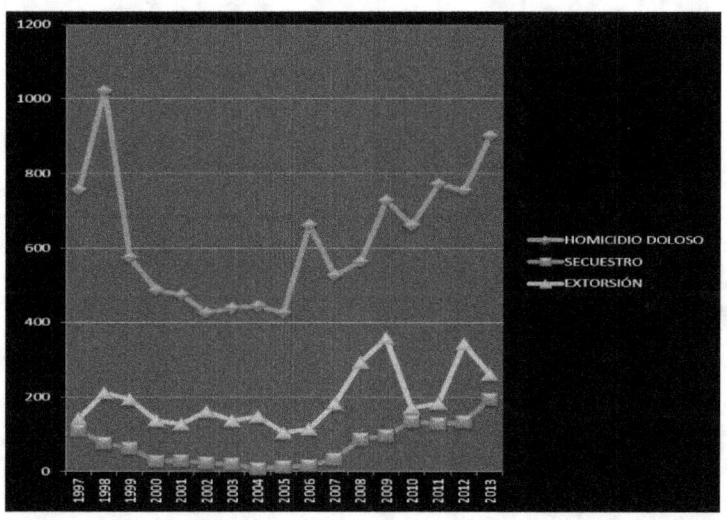

Fuente: Elaboración propia con datos del datos del Sistema Nacional de Seguridad Pública

[7] Centro Nacional de Información del Secretariado Ejecutivo del Sistema Nacional de Seguridad Pública. *Cifras de la incidencia delictiva 1997-2014: Junio 2014 con Corte Informativo al 18/06/2014*. Consultado el 30/07/2014 en: http://www.secretariadoejecutivosnsp.gob.mx/es/SecretariadoEjecutivo/090820 13

Así, Michoacán muestra una tasa de homicidios dolosos muy elevada en los últimos años, aunque no llegue a los extremos de estados como Guerrero, Chihuahua o Sinaloa. Con todo, en lo que va del 2014 Michoacán sólo es superado en este tipo de criminalidad por estos tres estados, que son precisamente las sedes operativas de las tres principales organizaciones criminales del país.

En todo caso, la incidencia de delitos violentos es solo una visión superficial del problema. De hecho, la situación se prevé mucho más alarmante cuando se toma en cuenta de que todas las cifras de incidencia delictiva se refieren a datos oficiales sobre denuncias presentadas ante las procuradurías de justicia. En general en México y especialmente en Michoacán la gran mayoría de estos delitos son realizados por las grandes organizaciones criminales, por lo que en la mayoría de los casos los crímenes no son denunciados por la ciudadanía, por miedo a represalias.

Cifra Negra delictiva

	Cifra Negra		Cifra Negra
OAX	92.2%	ZAC	83.4%
MICH	91.1%	PUE	83.3%
CHIS	90.7%	VER	83.2%
DF	88.6%	AGS	83.1%
MEX	88.5%	BCS	82.7%
NL	88.3%	COA	81.7%
TAB	87.8%	DGO	81.0%
MOR	87.5%	COL	79.5%
CAM	86.8%	NAY	78.2%
GRO	86.0%	SIN	77.2%
QROO	85.9%	YUC	75.5%
GTO	85.8%	CHIH	75.1%
SLP	85.5%	BC	72.1%
HGO	84.9%	TLAX	70.9%
JAL	84.1%	QUE	70.8%
SON	83.8%	TAMPS*	68.2%

por cada 100 mil habitantes   por cada 100 mil habitantes

FUENTE: http://www.cidac.org/esp/uploads/1/CIFRAS.pdf

Por esta razón la verdadera incidencia delictiva en México se encuentra en niveles insospechados. La *cifra negra* del delito, es decir, la tasa de delitos que nunca son denunciados, estaría alrededor del 85% en el país. En Michoacán, se calcula como la peor a nivel nacional, junto con Oaxaca, arriba del 90%.[8] Esta situación se muestra detalladamente en el *Cuadro 1*. Esto es un claro indicio de que la ciudadanía michoacana percibe al sistema jurídico institucional como disfuncional, inaccesible o no pertinente a sus intereses, ya que los propios individuos deciden no denunciar en nueve de cada diez casos en que los que se convierten en víctimas de la violencia, lo que implica una no identificación con la institucionalidad y una inexistencia de una funcionalidad efectiva en este ámbito de la función estatal, puesto que los sujetos no involucran al Estado en conflictos en los que

---

[8] Un buen ejemplo es la investigación realizada por el Centro de Investigación para el Desarrollo (CIDAC). En su página institucional se encuentran diversos documentos que detallan los resultados de su estudio sobre la "cifra negra". Los datos que utilizamos aquí se toman corresponden al 2010 y se encuentran en: CIDAC. *Números Rojos del Sistema Penal*. Visto el 02/08/2014 en: http://www.cidac.org/esp/uploads/1/CIFRAS.pdf

específicamente el marco jurídico cuenta con aparatos diseñados para la intervención del Estado, inclusive en un ámbito en el que se supone constitucionalmente plenipotenciario, como es la función jurisdiccional.

Ante estas y muchas otras evidencias, cabe preguntarse por qué la actual política de paz del Estado mexicano no funciona, y cómo debe diseñarse una que responda a una de las necesidades (si no la más) urgentes de la sociedad.

En el caso de la realidad social de Michoacán, en el 2014 las estructuras institucionales colapsaron y el Gobierno Federal llegó al extremo de disolver la soberanía constitucional estatal, al menos en la práctica, al tiempo que sectores de la población misma decidieron romper el estado de Derecho e imponer un estado de guerra, al tomar el monopolio de la violencia legítima en sus manos al ver el pacto social disuelto cuando el poder criminal se había instituido y tomado el control del sistema productivo, asumiendo además atribuciones del Estado democrático.

Ante esto, el estado de emergencia fue declarado por la ciudadanía, mientras el sistema político y de gobierno recurrió a la militarización y a la persecución criminal, tanto de delincuentes como de ciudadanos levantados en defensa de su integridad personal, patrimonial y familiar.

La política de paz y seguridad pública en Michoacán

La lógica político gubernamental ante la ruptura de la paz social y la irrupción de la violencia sigue siendo la misma desde hace diez años: combatir la violencia criminal con violencia estatal, el terrorismo criminal con terrorismo de Estado, el empoderamiento de los grupos criminales con autoritarismo, represión y control informativo. A pesar de que la política de seguridad de "guerra frontal" se le atribuye a la gestión federal anterior, el gobierno actual no sólo la ha asumido, sino que ha intensificado y recrudecido la violencia por parte del Estado, a pesar de que los resultados de esta política en el gobierno anterior fueron muy cuestionables: no sólo no se logró debilitar las estructuras del crimen organizado, sino que la situación de la ciudadanía de estar entre dos fuegos devino en guerra interna en lugares como Michoacán y Guerrero, y se dejó una ola de muerte al paso de las Fuerzas Armadas, mientras las denuncias por parte de ciudadanos por violaciones de Derechos Humanos se amontonaron en los organismos civiles, y fueron ignoradas, casi en su totalidad, por el Sistema de Justicia y los medios masivos de comunicación, mientras la imagen de México en el extranjero se difundió como alarma internacional.[9]

Mismo diagnóstico. Mismas políticas. Mismo resultado.

El diagnóstico de Políticas Públicas

Del diagnóstico de los problemas públicos depende el camino que tomarán las políticas para enfrentar el problema. En la disciplina de Políticas Públicas existe una extensa bibliografía que habla de la importancia de generar diagnósticos adecuados y que impliquen a todos los afectados en su formulación para poder dar prescripciones objetivas a los problemas sociales. Ya desde Lasswell se planteaba la necesidad imperativa de incrementar la racionalidad en la elaboración de diagnósticos adecuados, disminuyendo la discrecionalidad del decisor político, y aumentando la intervención de las Ciencias Sociales y sus métodos de investigación.

Arturo Sánchez Gutiérrez, en un documento elaborado por FLACSO señala la importancia a no generar diagnósticos cerrados que no se retroalimenten con los resultados que se vayan obteniendo con la implementación de las políticas. "El trabajo de diagnóstico se convierte en un proceso previo a la elaboración de

---

[9] Para una revisión de estos hechos de dominio público, más allá de la prensa escrita, *Conf.* PÉREZ LARA, Jorge Enrique. "La guerra contra el narcotráfico: ¿una guerra perdida?". En: *Espacios Públicos*, vol. 14, núm. 30, enero-abril, 2011. México, D.F. : Universidad Nacional Autónoma de México, pp. 211-230

la política misma, pero que requiere de su continuación para llamar la atención sobre los aspectos nuevos que podrían apuntar a la formación de nuevas alternativas de solución, corregir estrategias adoptadas y reclamar la información más pertinente para profundizar el análisis."[10]

Sin embargo: "Paradójicamente, la elaboración de un diagnóstico preciso sobre las características que envuelven un asunto objeto de nuestro análisis, no suele estar presente en los modelos explicativos de cómo elaborar una política específica", aclara Sánchez, lo que nos lleva a la necesidad de distinguir la naturaleza del problema y, a partir de ello, plantear las herramientas metodológicas adecuadas para poder comprenderlo y encontrar sus causas.

Las teorías causales

Todo diagnóstico de política pública descansa sobre la definición del problema. Y éste, a su vez, en una teoría causal que lo fundamenta. Ningún tipo de definición, por primitiva que sea en su proceso de realización racional, escapa a este punto. La relación causa-efecto está detrás de toda medida o lineamiento de acción, ya que se dirige a enfrentar la causa, o a mitigar el efecto, pero nunca ignorándolos, pues la acción carecería de toda racionalidad.

Para valorar la pertinencia de una política pública, es menester valorar la coherencia de la teoría causal que la fundamenta, con el diagnóstico generado, y aún con las medidas adoptadas, que pueden estar en contradicción paradójica con aquella.

Esto lo expresa Mauricio Merino, del Centro de Investigación y Docencia Económicas (CIDE), como que "desde la entrada de los problemas públicos a las agendas de decisión para convocar la acción del Estado, resulta imposible hacer caso omiso de las

---

[10] SÁNCHEZ Gutiérrez, Arturo. "El proceso de diagnóstico en la elaboración de políticas públicas", en: *Perfiles Latinoamericanos*, núm. 3, diciembre, 1994, pp. 17-36 México, D.F.: Facultad Latinoamericana de Ciencias Sociales.

restricciones institucionales y burocráticas de las que se derivan las políticas públicas, o eludir la construcción de argumentos causales sobre los problemas públicos a los que responde cada política, o pasar por alto la definición de ese "núcleo duro" en el que convergen las razones, los valores y las propuestas de acción".[11]

La política de seguridad actual en México

Vista y analizada, previamente a este trabajo, la política actual del Estado mexicano frente al problema de la ausencia de paz, podemos resumir el diagnóstico que formula en los siguientes puntos:[12]

La violencia como producto de la pobreza y desigualdad social

A este respecto, la elaboración de ideas es compleja y no del todo lógica. Para el multicitado Arturo Rodríguez la solución propuesta a este diagnóstico sólo se podría leer de la siguiente manera:

Para lograr la paz hay que establecer una política de seguridad y un modelo de justicia eficaz, junto con un programa de desarrollo social que revierta las condiciones de pobreza, con educación de calidad que permita mejores condiciones de empleo, esto es, democratizar la productividad, para lo que se debe detonar el crecimiento y desarrollo económicos, de manera que, todo junto, haga al país más competitivo y lo convierta en un actor de relevancia global. Y para todo eso se requieren reformas.[13]

La lógica del castigo se impone a la lógica de la prevención

---

[11] MERINO, Mauricio. *Políticas Públicas*. México, D.F.: CIDE, 2013.

[12] Las definiciones son producto de un análisis integral de las políticas de seguridad vigentes en México y Michoacán, incluyendo el Plan Nacional de Desarrollo, el ciclo reformista del Gobierno Federal, el Pacto por México y las políticas estatales en la materia.

[13] RODRÍGUEZ García, Arturo. *El regreso autoritario del PRI*. México, D.F.: Grijalbo, 2015, p.276

La inseguridad está en la impunidad, entendiendo impunidad como deficiencia de las leyes y corrupción de los jueces

Militarización como fortalecimiento estratégico del Estado

A pesar de la instauración del miedo social, con todas sus consecuencias. "(En Michoacán) en general, la coexistencia de autodefensas con armamentos poderosos y Fuerzas Armadas es parte de una normalidad violenta".[14]

La protesta social como debilitamiento estratégico del Estado

No se considera cómo la represión estatal, tanto sobre las víctimas de ella como sobre todos los demás ciudadanos, espectadores de ésta, influye sobre el estado de la paz, especialmente en los niveles de miedo en el inconsciente colectivo, que determinan la conducta cotidiana de la población en su interacción.

La seguridad jurídica ciudadana como factor ignorado en la agenda

Esto se expresa en la impunidad universalizada, tanto de las bandas criminales, como de sus estructuras económicas y políticas, así como de las autoridades corruptas y violadoras de derechos humanos. "La crisis de derechos humanos en el país se expresa en que el Estado no garantiza los derechos humanos a la paz, la seguridad y la administración de justicia".[15]

En síntesis: La política de *paz*, o mejor dicho, de seguridad, no ha variado, porque permanece el mismo diagnóstico fundamentando la política pública.

El enfoque estructural interaccionista o constructivista

El llamado enfoque constructivista del lenguaje, que aquí asumimos más bien como un modelo interaccionista estructural, puede enriquecer a todo el proceso de formulación de políticas públicas, pero en especial al proceso de definición y diagnóstico de

---

[14] RODRÍGUEZ, Arturo. *Op. cit., p. 270.*
[15] RODRÍGUEZ, Arturo. *Op. cit., p. 335.*

problemas públicos como la paz, en donde todas las variables están dadas en y por la interacción humana.

El uso del análisis del discurso y las dinámicas grupales que se usaron en esta investigación no son una innovación en el campo de la Políticas Públicas por parte de este trabajo. Existe un campo de investigación al respecto y se encuentra en pleno desarrollo.

Guillermo M. Cejudo, del CIDE, señala a este respecto que "(este) es un enfoque relativamente consolidado y con un nicho de deliberación académica ya definido", sin embargo, "su aplicación en políticas públicas es aún limitada". Por esta razón, "el que sea un programa de investigación en formación en políticas públicas es un buen pretexto no sólo para introducirlo en el debate con otros enfoques, sino también para aportar nuevas perspectivas sobre el análisis de políticas públicas".

El alumnado de la Universidad Michoacana como objeto de estudio

La comunidad formada por los alumnos de la Universidad Michoacana de San Nicolás de Hidalgo se constituyen en un entorno social y, a la vez, en un universo poblacional controlable idóneo para probar la herramienta metodológica, debido a que se pueden manejar más fácilmente variables espurias que pudieran perjudicar el análisis, sin atender a variaciones sociodemográficas específicas a este nivel de investigación, manteniendo la prueba en un entorno regularmente heterogéneo.

La idea es constituir la aproximación investigativa en una verdadera prueba piloto de investigación, perfilando una investigación futuro a nivel Michoacán, con los resultados y el posterior perfeccionamiento de las herramientas utilizadas.

La Universidad Michoacana de San Nicolás de Hidalgo constituye en sí misma un universo poblacional complejo y diverso. Con una cantidad cercana a los cincuenta y siete mil alumnos provenientes de todas las regiones del Estado, además de la población foránea.

73

El interés de estudiar a esta población como colectivo es en sí mismo relevante para los estudios de paz.

Por otro lado, el tomar a la población universitaria como muestra de la población estatal es un estimador válido, a pesar de sus limitaciones. Esto se debe a que para la naturaleza del análisis sobre microfundamentos políticos no todas las variables demográficas son relevantes.

Es decir, el tipo de enfoque metodológico utilizado por esta investigación para el análisis, conocido en la Ciencia Política como *Framing*, o de percepción simbólica intersubjetiva, dentro del marco del Neoinstitucionalismo Organizacional, requiere que las observaciones se realicen sobre personas de edad adulta, debido a que pueden atestiguar el grado o caracterización de la fijación de nociones y conductas sobre la vida social. Así, la composición por grupo de edad de la universidad queda en gran similitud a la de la población Michoacana que puede ser objeto de análisis.

La Universidad como sujeto colectivo en la construcción de la paz

Por otro lado y además, el establecimiento de las condiciones de paz es una función primordial del Estado, al tiempo que concebimos a la paz como un fenómeno que se manifiesta como una dimensión de la interacción de los sujetos en sociedad. De esta manera, la funcionalidad del marco institucional en torno a la paz es una atribución del Estado en su conjunto, es decir, no sólo del aparato gubernamental sino también de la sociedad.

En este sentido, se infiere que la construcción de la paz se obtiene a través de la acción colectiva, y en ésta los sujetos cobran tanta importancia como los actores, puesto que la adherencia de la institucionalidad depende de la identificación de los sujetos con las rutinas o vías de acción que fundamenta.

Así, las universidades se constituyen naturalmente como sujetos colectivos de construcción de la paz. Esto se debe a que si se atribuye a la universidad la funcionalidad estatal de la conformación del conocimiento, de la innovación y de la ingeniería social, no sólo queda en una situación privilegiada para influir en el proceso de institucionalización de la paz, sino que su acción cobra un papel de obligación social.

Una propuesta metodológica para el estudio de la paz

El enfoque metodológico utilizado es el del Interaccionismo Simbólico, reforzado y estructurado interdependientemente con los de la Teoría de la Estructuración Social y el Neoinstitucionalismo Organizacional, este último en su perspectiva aplicada a la Ciencia Política, por March y Olsen.[16]

Epistemológicamente, afirmamos que los conceptos de estas teorías que se refuerzan entre sí, dando lugar a dimensiones integradoras de referentes empíricos que expresan una misma realidad (expresiones de un mismo objeto), como podemos observar:

---

[16] MARCH, James y OLSEN, Johan. *El Redescubrimiento de Las Instituciones: La Base Organizativa de la Política.* México, D.F.: Fondo de Cultura Económica, 1997.

Marco teórico

El entroncamiento de estas teorías y la concatenación estructural de conceptos nos permite construir un marco analítico tridimensional doble, por sus tres dimensiones de análisis, compuesta cada una de ellas, a su vez, por tres niveles o categorías analíticas.

La idea esencial es que los referentes empíricos son complementarios a nivel *horizontal,* ya que si bien son interdependientes, cada uno privilegia más al ámbito simbólico, normativo o conductual, dependiendo del paradigma al que pertenecen.

Además, estos campos se desarrollan, de manera simultánea, a nivel *vertical,* a través de la reinterpretación permanente bidireccional sujeto-colectivo de los significados, de manera que cada dimensión, que corresponde a una escala de la interacción social –subjetiva, intersubjetiva y social–, se realiza también de manera *horizontal,* de tal forma que en cada nivel escalar estamos frente a tres dimensiones (conductual, normativa y simbólica) de un mismo objeto, que se materializa en tres referentes empíricos.

Debemos atender a los tres campos de la interacción humana: el campo simbólico, el campo conductual y el campo normativo, y a los tres niveles en los que se realiza: el subjetivo, el intersubjetivo y el social.

En cada uno de los cuadrantes formados, tendremos un referente empírico de cómo se realiza la paz o qué la fundamenta en un ámbito determinado (lo que atiende a los *tipos ideales* de Weber). Es decir, por ejemplo, las conductas individuales (más o menos) pacíficas de los alumnos de la UMSNH, estarán determinadas por sus rutinas asumidas frente a su percepción del estado de la paz, con base a las conductas de su grupo, y la sociedad.

Marco Analítico: Matriz Tridimensional Doble de la Interacción Social

NIVEL / Dimensión	INTERACCIONISMO SIMBÓLICO	NEOINSTITUCIONALISMO ORGANIZACIONAL	TEORIA DE LA ESTRUCTURACIÓN
SOCIAL - INSTITUCIONAL	Interacción Social	Institucionalización	Interacción Estructural
INTERSUBJETIVO	Significados	Normas / Políticas	Reglas semánticas
SUBJETIVO	Roles	Rutinas	Reglas Normativas
	CAMPO SIMBÓLICO	CAMPO CONDUCTUAL	CAMPO NORMATIVO

En síntesis, nuestro marco analítico-metodológico es tridimensional en cuatro sentidos diferentes, partiendo de sus tres dimensiones de análisis:

Vertical: Porque contempla las tres dimensiones escalares de la interacción social.

Horizontal: Porque comprehende los tres ámbitos cualitativos de la acción social.

Integrativa: Porque puede incorporar referentes en una sola noción integral en sentido *horizontal* (nivel escalar de acción), conceptualizando un solo fundamento de un fenómeno para el nivel subjetivo, el intersubjetivo o el social; en sentido *vertical* (dimensión cualitativa de la acción social), integrando en una sola determinante fenoménica para el campo simbólico, el conductual, o el normativo, y en sentido *total*, ya que ulteriormente puede incorporar los nueve referentes empíricos en una sola causa determinante del fenómeno social.

Análisis Cuantitativo

En una primera aproximación a la población objetivo, se inició la búsqueda de referentes empíricos en el nivel microsocial a través de la aplicación de la Encuesta Personal Universitaria de Fundamentos de Paz y Miedo en dos ocasiones: en octubre de 2014 y en enero de 2015.

El cuestionario de esta encuesta se elaboró a partir de la adaptación del desarrollado por el *Institute for Economics and Peace,* en un primer acercamiento a la realidad microsocial.[17]

La aplicación de esta encuesta permitió distinguir seis variables relevantes para el estado de la paz a este nivel de análisis:

Identidad

Conflicto

Confianza

---

[17] INSTITUTE FOR ECONOMICS AND PEACE (2013) "And Understanding of Peace", primer bloque del documento pedagógico Building Blocks of Peace, disponible por subscripción a su página oficial www.economicsandpeace.org en formato PDF.

Aislamiento

Vulnerabilidad

Defensa / Organización

La primera aplicación, de octubre de 2014, tuvo una muestra de 648 entrevistas, 97% de confianza y 3.5% de precisión (error máximo).

Las conclusiones principales del estudio fueron las siguientes:

Se han detectado síntomas significativos de aislamiento y vulnerabilidad física y psicológica en la población universitaria.

La autoconfianza y la integración colectiva se encuentran vulnerados por el miedo y la inseguridad.

La sana convivencia se encuentra medianamente transgredida por la conflictividad.

Existen indicios de una fuerte necesidad de organización y cooperación, para asegurar las condiciones mínimas de seguridad en el sujeto individual y colectivo.

La segunda aplicación, de enero de 2015, tuvo una muestra de 1,059 entrevistas, confianza de 97% y precisión de 3.275%.

Los resultados mostraron un muy alto nivel de congruencia con los anteriores, como se puede apreciar en los gráficos, pues todas las variables obtuvieron puntajes similares, y los picos se dan en los mismos indicadores.

Resultados Encuesta Personal Universitaria de Fundamentos de Paz y Miedo 2014

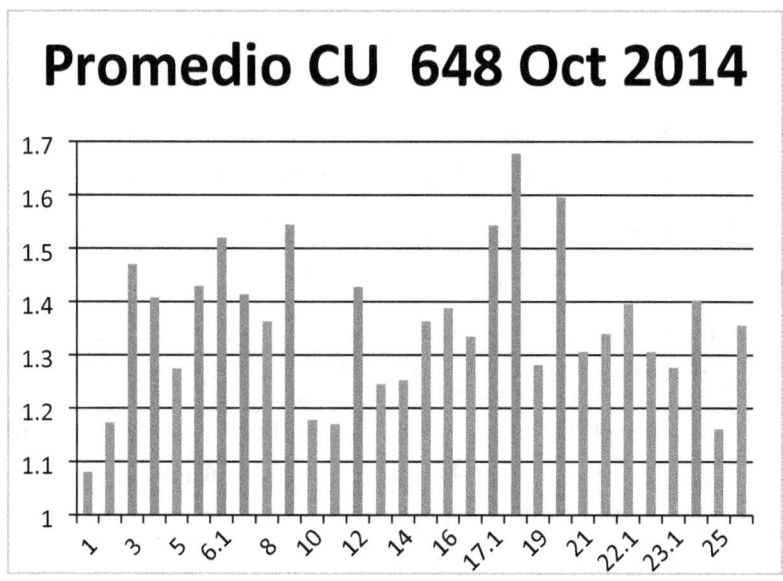

Resultados Encuesta Personal Universitaria de Fundamentos de Paz y Miedo 2015

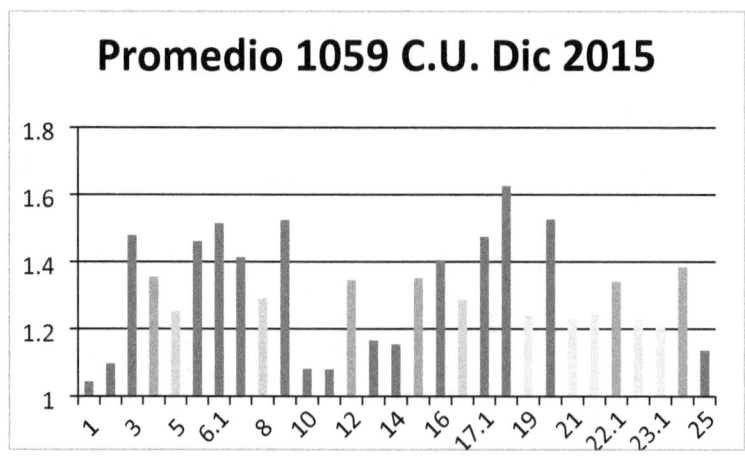

Análisis Cualitativo Tridimensional

Se aplicaron seis pruebas de interacción simbólica a participantes de tres grupos de discusión, para totalizar 18 pruebas. Las pruebas contenidas en el cuestionario de los grupos de discusión fueron diseñadas a partir de los hallazgos del análisis cuantitativo.

Se utilizaron técnicas de observación participante y de análisis estructural del discurso racionalizar los resultados, en dirección a encontrar referentes empíricos que permitan definir el problema público de la disrupción de la paz.

Análisis puntual

NIVEL / Dimensión	SIMBOLICA	CONDUCTUAL	NORMATIVA
SOCIAL - INSTITUCIONAL	Miedo --- Inequidad	No representatividad	Ausencia de Estado de derecho
INTERSUBJETIVO	Impunidad --- Violencia	No cooperación	Corrupción
SUBJETIVO	Particularismo --- Marginación	Individualismo materialista	Disfuncionalidad de valores cívicos

Nivel Institucional Simbólico

En el nivel Institucional Simbólico, se distingue la preeminencia del miedo social, el cual domina las relaciones sociales en general y genera desconfianza entre los sujetos, desarticulando las instituciones sociales, tanto aquellas de instauración estatal como las de naturaleza cultural o consuetudinaria.

A este nivel también todos los grupos estudiados en las diferentes pruebas distinguieron como determinante la inequidad social, que si bien es preeminentemente económica, invade otras esferas de la vida social y determina una combinación completamente diferente de derechos y atribuciones a los sujetos y grupos pertenecientes a distintos estratos sociales.

Nivel Intersubjetivo Simbólico

Las interacciones de los sujetos a nivel simbólico están determinadas por la percepción de una general impunidad, es decir, las consecuencias de las acciones disruptivas de la paz dependen del nivel de empoderamiento, del estrato social, o de los vínculos con la autoridad de los sujetos que las cometen, y no de su gravedad o grado de afectación directa o a terceros.

Además, las interacciones generalmente tienen un trasfondo violento latente en la cotidianeidad, toda vez que los sujetos, ante una percepción general de impunidad, compensan s estado de vulnerabilidad con actitudes agresivas que frecuentemente se concretan en actos violentos.

Nivel Subjetivo Simbólico

En el nivel subjetivo se tiene una percepción general de marginación, en distintos ámbitos de la vida social dependiendo de las características demográficas del sujeto. Esto crea una sensación de aislamiento general respecto de la comunidad y la sociedad en su conjunto, desarraigando al sujeto de la interacción social positiva, y lleva la percepción de la funcionalidad efectiva de la acción al plano individual.

Al contemplar los individuos un escenario desigual con reglas de juego que favorecen a ciertos grupos minoritarios, prima en su lucha por la supervivencia social la defensa de sus intereses particulares, lo que determina su entendimiento de la realidad, por lo que percibe su entorno en función a lo que pueda servir a sus necesidades individuales.

Nivel Institucional Conductual-Organizacional

A nivel social, la sociedad en su conjunto no encuentra una funcionalidad en el Estado respecto de la satisfacción de sus necesidades y realización de sus intereses. Es decir, la disfuncionalidad del aparato estatal, a través del gobierno y la administración pública para atender, o aún recoger sus demandas, deseslabona toda posible interacción del gobierno con la sociedad. Más allá de ello, el fenómeno se extiende a una falla en las identidades comunitarias al no sentirse representados por algún colectivo institucional con presencia en la esfera social.

La carencia de representatividad de gobernantes sobre gobernados, y de políticas públicas sobre necesidades intereses, genera el desentroncamiento de la funcionalidad del Estado, y el alejamiento de su ámbito de la sociedad.

Nivel Intersubjetivo Conductual-Organizacional

Los sujetos no encuentran suficientes incentivos para la cooperación y, en cambio, encuentran importantes contraincentivos en la violencia latente en la interacción.

La acción colectiva de base significativa está ausente de la vida social, con excepciones puntuales como la de los sindicatos magisteriales, que aunque sí permanecen como actores en la esfera pública, no son excepción a la regla porque responden a intereses particulares o, en el mejor de los casos, de grupo, y no al bien común o interés general.

Al desarticularse la interacción con fines sociales, la paz se vuelve difusa.

Nivel Subjetivo Conductual

La acción subjetiva queda determinada en general por un individualismo materialista, de naturaleza pragmática, cuando los individuos se concentran en satisfacer sus necesidades y lograr sus intereses por sus propios medios.

La acción será pacífica o, por el contrario, violenta, dependiendo de cuál tenga mayor eficacia para alcanzar objetivos determinados.

Nivel Institucional Normativo

La realidad que marca la naturaleza normativa de la vida social es la ausencia de un Estado de derecho, en donde las normas institucionalizadas por el Estado no coinciden con los hechos en la interacción cotidiana de los grupos sociales e individuos. La práctica de la legalidad es sólo aparente y se crea una separación entre la praxis y la semántica de las normas oficiales, ante lo cual grupos y sujetos redefinen sus percepciones y acciones paralelamente a las leyes.

Cuando la paz es un obstáculo para alcanzar los intereses, se vuelve disfuncional y pasa a segundo término.

Nivel Intersubjetivo Normativo

La interacción social se ve marcada por una corrupción general, entendiendo aquí el término como funcionalización de las relaciones sociales y medios en general para lograr intereses particulares, valiéndose de (o a pesar de) la legalidad y sin importar el perjuicio a terceros, con lo que el estado de la paz se ve amenazado por principio.

La norma existe para revestir de legitimidad formal actos que sólo persiguen el propio beneficio y la funcionalidad social de la ley es ignorada.

Nivel Subjetivo Normativo

Los valores cívicos implícitos en los marcos normativos y en la institucionalidad oficial no reflejan realidades para los sujetos, por lo que no norman sus conductas. El ejercicio efectivo de la ciudadanía, experimentado por los individuos, no coincide con el planteado en las estructuras legales.

Finalmente, termina suplantando la estructura de valores cívicos otras que son más funcionales para los sujetos, que se identifican con artefactos culturales distintos al de ciudadanía, con objetivos y fines diferentes al de la paz social.

ANÁLISIS HORIZONTAL: POR NIVEL DE SUBJETIVIDAD

NIVEL / Dimensión	SIMBOLICA	CONDUCTUAL	NORMATIVA
SOCIAL - INSTITUCIONAL	Disfuncionalidad del Estado como instaurador y/o garante de instituciones sociales		
INTERSUBJETIVO	Funcionalización de la acción colectiva hacia intereses particulares		
SUBJETIVO	Particularización de los intereses		

Nivel Subjetivo

En el campo de acción de los sujetos, la percepción de marginación social para satisfacer sus necesidades básicas lleva comprenderlos como intereses individuales, difuminando la identificación con otros sujetos con intereses similares, de tal forma que su conducta se rige por la acción individual hacia la consecución de los mismos, funcionalizando su interacción social con este fin. Así, su estructura valorativa también se instrumentaliza, de manera pragmática, y los valores cívicos pierden contenido y son abandonados en la práctica.

De esta manera, este proceso de particularización de los intereses de los sujetos deja en segundo plano o ignora completamente las acciones constructivas de la paz, que es fundamentalmente cooperativa.

Nivel Intersubjetivo

En la interacción social hay una visión general de ausencia de la justicia, por lo que la violencia se convierte en una opción viable para conseguir objetivos particulares, sean individuales o de grupo, toda vez que se priorizan las necesidades propias al perjuicio del derecho de los demás. Al no existir incentivos para la interacción cooperativa hacia el bien común, las conductas son frecuentemente disruptivas de la paz, y esta no es un medio necesario para alcanzar los fines.

En síntesis, la acción colectiva sólo existe para conseguir intereses particulares, valiéndose frecuentemente de medios que ponen en entredicho el derecho ajeno, con lo que el estado de la paz se ve alterado en mayor o menor medida.

Nivel Social-Institucional

La percepción general que determina la definición de los individuos frente al Estado es la de una inequidad causada por la funcionalización del aparato estatal hacia los intereses particulares de un grupo privilegiado.

En este contexto los grupos no privilegiados que optan por la acción violenta para defender lo que consideran sus necesidades básicas y/o lograr la consecución de sus intereses, dejan al grueso de la ciudadanía en un estado de inseguridad y miedo, al percibir que las instituciones estatales no son capaces de asegurar sus garantías fundamentales ni su supervivencia.

Sujetos y grupos no consiguen conformar conglomerados identitarios, ya que el estado de miedo y de repartición de beneficios impide confiar en los líderes, con lo que la representatividad tanto de gobernantes como de líderes sociales se difumina o desaparece por completo.

Finalmente, las leyes no se materializan en la realidad social del ciudadano común y sólo sirven, de una u otra forma, a intereses particulares o de poderes fácticos.

Esto se traduce en la ausencia de un Estado de derecho con lo que la práctica de la ciudadanía en general se desarticulo de la legalidad, determinando que el Estado no sea capaz de instaurar instituciones sociales que creen estructuras normativas de prácticas sociales reales, y aun menos garantizar a los ciudadanos los beneficios sociales que de estas instituciones deberían desprenderse.

ANÁLISIS VERTICAL: POR ÁMBITO FENOMÉNICO

NIVEL / Dimensión	SIMBOLICA	CONDUCTUAL	NORMATIVA
SOCIAL - INSTITUCIONAL	Inseguridad Jurídica — Desigualdad Social	Ausencia de Participación Ciudadana	Ciudadanía de baja intensidad
INTERSUBJETIVO			
SUBJETIVO			

Ámbito Simbólico

Los sujetos se perciben como marginados de la estructura social, de una u otra manera, pero especialmente en las oportunidades de realización económica, y al no encontrar incentivos para la acción colectiva o la vía institucional optan por el particularismo.

En la interacción la violencia es una opción efectiva para conseguir realizar los intereses particulares, y ante una percepción general de impunidad la relación riesgo-beneficio la acción violenta se ve favorecida, aunque aumenta la amenaza a la seguridad personal.

Esta forma de interacción se materializa en la inseguridad jurídica, ante un sistema judicial que se percibe como incapaz y/o disfuncional tanto para mediar entre intereses contrapuestos como de coaccionar las prácticas disruptivas de la paz, con el perjuicio social y los daños personales que esto implica, lo que se manifiesta en la instauración del miedo social.

De esta forma, a nivel simbólico se institucionaliza una percepción general de desigualdad social y de ausencia del Estado en la impartición de justicia

Ámbito Conductual

En la dimensión conductual u organizacional de la interacción social, ante la disfuncionalidad del Estado para asegurar los derechos fundamentales y las necesidades primordiales a los sujetos, se opta por un individualismo materialista para dirigir las acciones hacia la seguridad personal o familiar y el aseguramiento de la satisfacción de las necesidades básicas.

La interacción entre los sujetos se ve marcada por la ausencia de cooperación y asociación debido a la falta de incentivos institucionales para la acción colectiva.

A nivel institucional, el aparato estatal es disfuncional a los intereses inmediatos de los sujetos y la esfera del Estado se vuelve ajena a los intereses sociales, identificándose Estado y gobierno, y dejando a la sociedad fuera del trinomio fundamental del Estado.

La ausencia de participación ciudadana es lo que marca la vida institucional de la sociedad en la esfera pública, al no estructurarse la acción colectiva para la articulación de intereses en demandas.

Ámbito Normativo

A nivel subjetivo hay una ausencia de valores cívicos, ya que los que existen están vacíos de significado, por lo que lo que norma la acción es la funcionalidad en dirección a la consecución de objetivos materiales, independientemente de la convivencia.

Se ejercen ciudadanías diferenciadas, ya que los sujetos pertenecientes a distintos estratos sociales poseen en la praxis diferentes derechos y obligaciones frente al Estado, e inclusive dentro de las mismas clases, dependiendo de su vinculación con quienes detentan el poder.

Así, en sus diferentes niveles y/o estratos las interacciones están dominadas por la corrupción, que es más eficaz para vincular individuos en distintas posiciones que las instituciones formales inoperantes.

Esta forma de interacción se traduce en la ausencia del Estado de derecho, toda vez que el marco legal no refleja ni norma la realidad social.

La convivencia pacífica no es ya un medio ni un fin, una vez que la ciudadanía no es elemento normativo de la conducta.

En síntesis, la ciudadanía o bien no se ejerce o es una ciudadanía de baja intensidad (en el sentido utilizado por teóricos sociales como O´Donnel, 2003), en la que ciertas formalidades revisten la vida social, pero la práctica de la interacción social cotidiana se da paralela o independientemente de las instituciones sociales, tanto formales como informales, y sólo se sirve de la legalidad cuando coadyuva a la consecución de fines particulares.

La separación Gobierno-Sociedad determina finalmente un divorcio Estado-Sociedad, toda vez que el vínculo "ciudadanía" se difumina al atomizarse la sociedad en individuos particulares, alejándolos de la comunidad y de la vida estatal.

ANÁLISIS GLOBAL

NIVEL / Dimensión	SIMBOLICA	CONDUCTUAL	NORMATIVA
SOCIAL - INSTITUCIONAL			
INTERSUBJETIVO	Dislocamiento Estado-Sociedad por la Ausencia de Garantías Fundamentales		
SUBJETIVO			

El pacto social original que fundamenta la constitución del Estado se rompe ante la incapacidad, ineficacia, postergación y/o inacción del gobierno para retribuir a los ciudadanos con las prestaciones que esperan a cambio de la cesión de su cuota de libertad.

Se produce un dislocamiento Estado-Sociedad cuando esta última no ve aseguradas sus garantías fundamentales, como son la seguridad jurídica, la capacidad para cubrir sus necesidades básicas, la posibilidad de participar en las decisiones públicas y el ejercer una ciudadanía con derechos y obligaciones inequívocas, además de no vivir bajo el yugo del miedo ante la violencia del otro, todos fundamentos del pacto social original.

El Estado se vuelve disfuncional a la sociedad y con esto pierde el fundamento de su existencia, y se crean dos realidades paralelas entre un Estado autómata, identificado con el gobierno y su esfera de influencia directa, y una sociedad normada por la corrupción y la funcionalización de las instituciones y la acción colectiva hacia el logro de intereses particularistas.

En este estado de cosas, la vulneración de la paz es preeminente debido a que las bases para su existencia descansan en el asentamiento de la vida social con intereses comunes y armónicos.

Para la construcción de la paz es necesario una organización social, sea esta el Estado o cualquier otra, que asegure a sus miembros las garantías fundamentales de supervivencia y convivencia.

Obteniendo un diagnóstico del problema de la paz

Como conclusión general, el estudio nos permitió determinar que los factores que determinan principalmente el estado de la paz en los alumnos de la Universidad Michoacana son la seguridad jurídica, la igualdad social, la participación en la toma de decisiones colectivas y el ejercicio efectivo de su ciudadanía.

A partir de ello, se pudo formular las siguientes recomendaciones para la Política Pública, tanto como práctica como disciplina científica:

Es necesario diferenciar los problemas públicos con causas materiales, a los problemas con causas sociales.

Los problemas públicos con causas sociales deben definirse a través de metodologías que involucren activamente a los sujetos en los que se realiza el fenómeno.

El enfoque del Interaccionismo Simbólico permite a la investigación encontrar referentes empíricos para construir teorías causales que fundamenten la definición del problema público de naturaleza social.

La metodología de la Investigación-Acción Participativa permite hacer operativo el enfoque del Interaccionismo Simbólico en el campo de las Políticas Públicas.

Si bien la presencia del delito común y el crimen organizado en la sociedad es un factor disruptivo del estado de la paz, esto se percibe como consecuencia retroalimentativa del problema, y no como causa.

Si bien la política del combate frontal al crimen se percibe como necesaria, se concibe como paliativo sobre los síntomas del fenómeno de la disrupción de la paz, mas no como política de mediano o largo plazo para la solución del problema.

Las causas que se identifican como factores disruptivos esenciales de la paz son la desigualdad social, la ausencia de participación ciudadana en el Estado, la disfuncionalidad de la educación cívica y la inseguridad jurídica.

Una política integral de construcción de la paz tendría que ser multisectorial, involucrando a todas las agencias de gobierno que inciden o tienen competencias y atribuciones sobre los cuatro problemas mencionados.

La metodología de elaboración de política pública que se propone aquí es a la vez un método de construcción de la paz, ya que recompone la relación Estado-sociedad.

Tomando en cuenta que la causa global del estado de disrupción de la paz es el dislocamiento Estado-sociedad, que separa a la entidad misma del Estado de su primordial elemento constitutivo, el ejercicio de la Investigación-Acción Participativa en el ciclo de políticas permite involucrar activamente a la ciudadanía en la elaboración de la política pública y, en este caso, de la construcción de la paz. El propio ejercicio de la acción participativa reintegra a la sociedad en el ámbito estatal, al tiempo que reconstruye sus valores respecto de la ciudadanía y la acción colectiva, haciéndola protagonista de la institucionalización de las normas y acciones positivas del Estado, con lo que, a su vez, dirige a los sujetos a redefinir sus roles y rutinas respecto de unas convenciones sociales que parten de su propia iniciativa.

El ciudadano que adopta una posición reflexiva respecto del tema de la paz se hace autoconsciente, y con ello la interacción entre ciudadanos recobra valores comunes que permite la cooperación hacia intereses sociales, lo que vuelve a llenar de contenido el significado de la misma ciudadanía, que se ve redefinido por la acción colectiva en dirección a la construcción de la política pública.

Es ahí donde radica el valor de la metodología aquí expuesta en la definición de los problemas públicos, en general, y en el tratamiento de la construcción de la paz, en particular, puesto que tiene una acción positiva directamente en los involucrados en la elaboración de política, lo que se traduce en un impacto per se; acerca a la acción estatal hacia un diagnóstico eficaz del problema, lo que se traduce en una optimización de la relación costo-beneficio, a favor del Estado en su conjunto, y además asegura la legitimidad de las políticas resultantes, lo que favorece la gobernabilidad e inclusive los intereses políticos de los gobernantes.

Capitulo 5. Analyzing organized crime from a business perspective: the case of Mexican Meth Mafia [18]

Drawing from Fiorentini (1999) and Schloenhardt (1999) we can identify at least five different definitions of organized crime from the current literature:

1. A highly organized, disciplined association which core business is the supplying of illegal goods and services to countless numbers of citizen customers. (Task Force on Organized Crime, 1967 cited by Schelling, 1971)
2. An organization which core business is to impose its protection "based on the threat of damage, together with occasional efforts to monopolize "legitimate" lines of business by physically destroying or intimidating competition". (Schelling, 1971)
3. "A specific economic enterprise and industry that promotes and sells private protection." (Gambetta, 1993). This author suggests that its core business is the supply of trust, and that it acts as a quasi-governmental institution that provides protection, enforces contracts and upholds barriers of entry. Violence is used for reputation as well as enforcement purposes.
4. "A hierarchical structure characterized by long-run horizon, and with an involvement in multiple illegal activities" (Reuter, 1983 cited by Fiorentini, 1999)
5. "Entrepreneurial operations in an area normally proscribed". (Schloenhardt, 1999)

The main conclusion is that one must move from the idea of crime as the epitome of irrational behavior, completely separated from business and the economy, to one where organized crime is regarded as a rational, profit-maximizing enterprise. The criminal organization, just as legal firms, will choose such markets based

---

[18] This article was originally published at Laureen Albarran Diaz de Leon, Jerjes Aguirre Ochoa (2014) "Analyzing Organized Crime From A Business Perspective: The Case Of Mexican Meth Mafia", International Journal of Asian Social Science, Vol. 4, No. 9, pp. 977-990.

on characteristics which will render highly profitable. Schelling (1971) describes five major features of those markets where criminal organizations unlawfully hold a position similar to that of a governmental authority. In such cases, victimized firms exhibit: 1) An inability to self-protect. 2) An inability to hide. 3) Easily observable profits. 4) High asset-specificity (both on location and customer relations) and 5) Small firm size or individuals.

Drug trafficking and extortion, KT's predominant activities, may be catalogued as organized crime since they exhibit behaviors consistent with the above definitions.

Crystal-meth production highly differs from the Mexican cannabis field which is in everybody's mind imagery. This picture, where poor peasants are forced by harsh economic conditions to become employees of drug traffickers in exchange for better salaries than those offered in the legal markets, has been changing throughout time. The idea that cannabis remains the most important business of today's drug cartels is contested by the most recent data on illicit activities reported by current Mexican president Enrique Peña Nieto, in his first State of the Nation, December 2012. During his speech, he reported that in 2011, federal forces destroyed 13,430 has. of cannabis plants: by 2013 that number had fallen to only 3,096. This significant reduction is consistent with the National Center for Information, Analysis and Planning in order to Fight Crime (CENAPI) statements in which cannabis cultivation has decreased, but clandestine labs, based on the number being destroyed, (colloquially known in Spanish as *cocinas* –kitchens-, mainly devoted to the production of methamphetamines) have increased 120% , between years 2006 and 2012. (Castillo, 2013).Consistent with CENAPI's report, the United Nations Office on Drugs and Crime numbers (UNODC, 2013) also reflect the steep increase: Mexican seizures of methamphetamine more than doubled, from 13 tons to 31 tons, and surpassed for the first time those of the United States which seized 23 tons in 2011. This clearly indicates an increase in demand with global characteristics.

The cannabis field has been replaced by the industrial meth-lab, where drugs are produced efficiently, following a specific marketing strategy tailored for urban and suburban users, avid of an inexpensive, yet powerful "hit". While still not the cartel's most profitable drug, (cocaine's 30 billion vs. 5 billion meth according to Salter, 2012), profit potential is enormous, as it is not plant based. Drug can be made anywhere, anytime, under controlled conditions, as its raw material is not country-specific, nor it is bound to weather conditions. The end result is an increase in purity and a drop in street price, result that threats to flood the US market with crystal meth in the years to come.

Precursors had been also banned in the USA, in an aim to crackdown on the proliferation of small meth-labs and home-based operations which have been proven dangerous and sometimes lethal. But with the prohibition it comes the possibility of a black market, one that the Mexican cartels where able to capitalize on immediately. Since there were no more precursors available in the USA, outsourcing production into Mexico and then shipping the drug back through the usual channels became the name of the game for the cartels. They simply foresaw the potential market created by the government's precursor prohibition law, and acted upon it.

CRIME BUSINESS ANALYSIS MATRIX OF METH TRAFFICKING IN MEXICO

Dean (2010) propose a model of strategic analysis to better understand organized crime, characterize it as an "enterprise", detect its major strengths and weaknesses *vis-à-vis* police enforcement and propose better ways to police and contain its illegal entrepreneurial activities.

Elaborating on the Knowledge Based View of the Firm and proposing a dynamic model of analysis known as the "Crime Business Analysis Matrix" (CBAM), the authors developed a new way of profiling organized crime groups based not only on their positioning within a market, but also on their networks of association and transaction.

To better police criminality, the authors propose to go a step forward from mere information gathering practices and data storing, towards a new perspective where knowledge becomes a *valuable resource*, since it arises from "the combination of experience, context, interpretation, reflection, intuition, and creativity by human beings."

The model takes on a dynamic approach by taking into account how capabilities and business factors are simultaneously shaped by market dynamics and culture. Failure to account for these two dimensions may render any police initiative ineffective, especially nowadays where ruthless criminal groups have become more flexible in their organization and hierarchy.

Caveat emptor: Since there is an obvious lack of access to first-hand information on KT criminal activities, news reports from reputed newspapers will be used to illustrate each phase and conclusions will be drawn using such information.

PHASE ONE: ESTABLISHING

This phase is concerned with the start-up on the criminal enterprise and the major factors involved for it to be successful. Such factors are:
1) Human Resources
2) Operational Logistics
3) Finance/ Capital
4) Crime Money Management
5) Business Planning
6) Entrepreneurial vision

The model bestows great importance to entrepreneurial capabilities, which paired up with the business development factor in each business phase translates into success in the development of the criminal business. Such capabilities are:

1) Opportunity perspective
2) Resources Mobilization
3) Decision-Making under uncertainty
4) People cooperation
5) Profit maximization

Two of these capabilities are concerned to the establishing phase: *opportunity perspective* and *resources mobilization*.

Opportunity perspective (capability rating: HIGH)

Entrepreneurial Vision: HIGH

As with any legal start-up, there must be someone at the lookout for business opportunities, identifying new lines of business, or trying to expand and grow the existing one. Entrepreneurial vision involves the confidence to carry out the business idea and its vision. Such talent may emerge from early exposure to how such criminal business is created and developed, either through gang's involvement, family, ethnicity, etc.

When asked about Mexican meth trafficking, Jack Riley, agent in charge of the DEA office in Chicago, was reported to have said: "They're marketing geniuses". (Salter, 2012). After such remark, it is only easy to affirm that the KT syndicate has exhibited a tremendous entrepreneurial vision, having detected a void in the American drug market, following a severe US-based meth lab crackdown and banning of precursors, once easily found in cold and allergy over-the-counter medications. A relentless demand, paired with a shortage of the drug, an already established network of drug smuggling and the access to a seaport that communicates with Asian precursor suppliers through corruption of authorities, constitute a tremendous opportunity for anybody with the vision to tap into it. First the FM, then its spin-off, the KT syndicate devoted themselves with exploiting such opportunity.

They had the vision to ally themselves with the *Cartel de Sinaloa*, and its leader, Joaquín Guzmán Loera, AKA "El Chapo", who controls between a third and a half of Mexican drug smuggling into the US, primarily cocaine, and who has been featured as one of the richest men in the world by Forbes magazine, with a net worth of 12 billion dollars (Bogan, 2009). The KT organization has set up the possibility to get sometimes undetectable new precursors from Asia, run high-tech meth factories that allow them to offer a purer, cheaper version of the drug; and then use the very well established smuggling routes used by "*El Chapo*" for cocaine.

Business planning: HIGH

Here is where strategic thinking comes to place. Much in the same fashion as entrepreneurs in the legal markets, business must be materialized from idea to opportunity to business.

Criminal entrepreneurs take into consideration transaction and opportunity costs, when estimating the risk involved. While opportunism, a key concept in transaction cost theory, is present in legal markets, in criminal markets where profits can be extremely high, the risk of having associates betraying or stealing from their boss compounds several times. The same happens with asset specificity, transaction frequency and uncertainty. Unknown costs can easily escalate and the criminal entrepreneur must be calculating at all times whether the profits expected do exceed the risk involved (Dick, 1995).

An example of careful planning by the KT syndicate is their incursion on the iron ore business, number one business of the state of Michoacán, located on Lázaro Cárdenas seaport. After developing a network of corruption and racketeering that allowed them to successfully introduce meth precursors, their next step was diversification, not only to the usual niches of extortion and kidnapping, but an actual export operation, grounded on the very lucrative Mexican mining industry. Either by stealing, extorting or extracting the material illegally, they are able to use their Asian contacts and mafia-type control of the region to pursue this other line of business (Stevenson, 2013). This speaks of careful, incremental planning aimed to grow their operations.

Crime money management (HIGH)

This concept goes beyond the usual "money-laundering" schemes used by criminals to mimic legitimate transactions. It takes into account a whole "money-cycle" where money is used for production of illegal goods, for procurement of supplies, exchanged in the market for profits and finally, hidden from regulatory bodies.

The KT uses a rather diverse range of activities to achieve this. One example is the avocado agri-businesses in Michoacán, which accounts for 72% of all Mexican avocado production, which is then exported to the United States in amounts equivalent to 1 billion dollars a year. One of the most important sources of cash for the state, the KT syndicate carefully "educated" themselves on the business, with the objectives of extorting as well as to launder money from their drug businesses. With access to private and government databases, by means of bribery and blackmailing, the KT has obtained information on the size and value of every avocado farmer in the area. They then proceed to extort money or even take over whole packing operations to use them for their money laundering schemes. Their pervasive use of bribery and corruption allows them to prevent authorities from seizing their assets.

Another example is the "investment" on foreign countries, such as a case reported in Costa Rica where at least two companies were used to transfer assets from Mexico. Other business fronts are incursions in real state, car dealing, cattle trading, agriculture,

Chinese clothing, electronics and appliances to be then sold in Mexico, obsidian imports from Guatemala, to be used in the production of handicrafts, among others. (Manríquez, 2010)

One special feature is the tendency to avoid the banking system (deposits and wire transfers) as a final step of money laundering (Weaver, 1997). Instead, they keep money in cash or prefer to use couriers to transport it from the US into Mexico. (The largest seizure of cash money in history, 207 million dollars, was kept behind false walls. It belonged to Chinese pharmaceutical tycoon Zhenli Ye Gon, who traded with massive amounts of crystal-meth precursors with Mexican organized criminals).

This tendency to keep and make large payments in cash, to the point of burying containers to hide it, makes it a special difficult task for law enforcement agents to trace and seize such assets, especially in a country where only a minority possess a bank account and where a large amount of business is still paid for in cash, and thus, relatively easy to dilute drug money into the system. Efforts from the government, such as charging taxes on cash deposits exceeding 25,000 pesos to the bank, have proven redundant and unhelpful to the task of tackling money laundering.

Resources mobilization (Capability rating. HIGH)

This entrepreneurial capability is associated with three business factors: financial capital, operational logistics and human resources.

Financial capital (HIGH)

A criminal entrepreneur must be savvy enough to be able to procure himself with capital to start up his venture. Either he provides himself with money through participation in minor but lucrative criminal schemes; is propped up by some "mentor" that entrusts him with money, or is backed up by a criminal financier.

It has been calculated that the KT syndicate earns 73 million dollars each year through extortion, racketeering and kidnapping, a diverse criminal portfolio aside from drug sales earnings (Parkinson, 2013). These activities have become very profitable lines of business for the KT and provide with an enormous capital inflow which secures continuity of meth trade, payment to informants and high ranked politicians and authority figures, and the exploitation of other opportunities that could become profitable in the future.

Mexican newspaper Milenio disclosed information prepared by the Mexican Armed Forces stating the fortunes amassed by the KT through the business of extortion and racketeering.

In a most efficient fashion, the KT possess an army of accountants and hit men that extort a whopping 74 million dollars per annum, from such diverse activities as lemon production to clenbuterol sales, an illegal chemical used to increase protein content of cattle and swine (Becerra, 2013).

Such paramount extraction of financial resources may have been their main advantage, but also could become their downfall, considering the surge of fully armed vigilante groups, formed by civilians tired of extortions and kidnappings and who have been fighting the KT cartel since 2013. As of January 2014, news reports state that several Michoacán communities are now under vigilante control, such as Parácuaro, Nueva Italia and Coahuayana. It is unclear who finances the militia, which has apparent access to assault AK-47 rifles, grenade launchers and Barrett .50 caliber sniper weapons, trucks and bulletproof vests, all of which are completely illegal to carry in Mexico (Althaus, 2014). One source has stated that the money comes from rich agribusiness owners, mining companies and powerful migrant Mexican-American communities in Los Angeles and Chicago, (Narváez, 2014) where hundred of Michoacán expats reside, all tired of paying extortion money to the KT and falling victims to kidnapping and paying ransom only to find their kidnapped relative dead shortly after.

Operational Logistics (HIGH)

Smuggling and trafficking of drugs requires a great deal of coordination in terms of transport routes, establishing networks of distribution and making operations more efficient as a whole, while at the same time avoiding surveillance and infiltration by the authority.

KT operates a sophisticated logistics network just as any multinational corporation would.

Precursors are being supplied by the Chinese Triads and India (Philipp, 2013), seaport control through bribery, extortion and blackmailing ensures that raw material arrives to the meth factories and an army of hit men, accountants, lawyers and professional chemists make sure that money is collected, production managed efficiently and that both remain shielded from authority intervention. The alliance with the Sinaloa Cartel allows security once uncut material makes its way to the border: cars equipped with electronically-activated compartments allow concealment of drugs, use of trailers and even private airplanes to transport large quantities has been reported by the National Methamphetamine Drug Conference (Weaver, 1997), and small amounts are sent through the U.S. postal Service, United Parcel Service and Federal Express.

Once in the U.S.A., mimicking any legal supply-chain, uncut material, produced cheaply and in bulk in Mexico is ready for the last step on its process. Dividing production into steps, allows all waste to stay in Mexico, where regulation is poor, and then, already close to the final consumer, value is added through conversion from liquid or powder into crystal, with little or no waste. Hiding powder or liquid from the police and customs agents is also much easier than finished crystal-meth. It can be confused with many other day-to-products (Scheck, 2012).

Human resources (HIGH)

Selection of staff in a criminal enterprise concerns itself with the issue of trust. Thus, involvement requires an ethnic or familiar background. Security and secrecy are of strategic importance for the organization, thus, the criminal entrepreneur constantly balances trust vs. skill needed for the job.

Whenever one comes across a news report on the KT criminal organization, a word repeats itself over and over: *bizarre*. Such a characteristic has proven very helpful on the topic of recruiting staff and avoiding risks and opportunism.

The KT criminal organization was formed from the remnants of the heavily pursuit "La Familia Michoacana", whose leader, Nazario Moreno, AKA "The Craziest One", allegedly killed by Mexican forces in a bloody raid in December 2010 is venerated as a saint, and people make statues and altars with his image. A peasant born in Apatzingán, Michoacán and a migrant, Moreno converted to Evangelical Christianism, and used it as a means to keep his associates in line. Elaborate initiation ceremonies, a code book with 53 commandments that members must follow at all times or else, be punished with death, banners hung in cities promising security and justice, as well as handing over presents to civilians to pursue their trust and help are among the every elaborate ways that the KT concerns itself with the issue of trust among their staff (Grillo, 2012).

As for the way that meth factories operate, personnel are selected based on their trustworthiness. Highly skilled lab foremen oversee production and perform the riskiest tasks, whereas at the bottom of the food chain are lab workers, who are watched at all times by hit men. Use of family members or close family friends further support the fact that clandestine meth labs are very closed environments and that trust is a major issue when it comes to hire people to work (Weaver, 1997).

PHASE TWO: EXPANDING

The entrepreneurial capability of taking decisions under uncertainty is cross-matched with four associated business factors, namely:

1) Business intelligence
2) Violence
3) Corruption
4) Counterintelligence

The expansion phase concerns itself with the growing of the business and increase in market share.

The KT is one of the most violent drug cartels in Mexico and probably in the world: their level of gruesomeness is unheard of (Grillo, 2011). Bodies hung from bridges in the middle of cities, bodies strewn across highways, decapitated bodies, dismembered victims, burning of trucks and entire warehouses, are among the ways the syndicate uses to maintain their brutal reputation and prove that they must be feared.

Use of social media to portray gruesome slayings of informants and brandishing of high caliber rifles is a means to show power, intimidate rivals and mock law enforcement inability to stop them too, even when they blatantly post pictures of themselves on the Internet (Gorman, 2013). This could be another source of weakness for the syndicate as their bravado could easily backfire, serving as lead to their detainment.

The KT also uses the threat of violence as a means to easily extort money from legal and illegal businesses alike and maintain them as an easy source of cash money that will then be used to support and complement their main activity as drug traffickers.

Corruption (HIGH)

Advancement of criminal interests, through increase of market share or to simply maintain a market, will be extremely difficult if not impossible to achieve without the use of corruption of authorities and politicians, bribery and blackmail.

The criminal enterprise possesses a large amount of financial means, and corrupting police officials is a matter of opportunity. Considering that they are the ones fighting one-to-one organized crime activities, the fact that they can be so easily corrupted must be of the utmost concern when planning to contain and counteract their activities through policing.

Corruption can and has become systemic in Mexico. Once criminality infiltrates on the front lines of individual officers devoted to fight crime, corrupting groups and eventually complete organizations and governmental institutions becomes much easier, to the point where it is difficult to distinguish the authority from the criminals. That situation allows free movement to develop whatever criminal enterprise a crime entrepreneur has in mind.

Counterintelligence (MED)

Counterintelligence acts as means to avoid as much risk as possible. Criminal enterprises invest in high-tech communication counter-surveillance to be one step ahead of the authorities. Informants and infiltration into police officers provide criminals with strategic information that allows them to act proactively against the police.

As far as the KT, their main source of counterintelligence stems from having police on their payroll, so their need to involve high-tech surveillance is unnecessary. Those who they would be spying on are in fact, *working* for them.

PHASE THREE: CONSOLIDATING

Consolidating the criminal business equals managing a network of people around the business and getting them to cooperate to further develop it. Factors related to this capability are:
1) Criminal business connections
2) Legitimate business connections
3) Influential business connections.

Those in a position of influence, capable to bring an advantage or doom the criminal enterprise, must be managed either by getting them to cooperate or neutralize activities they might engage against the business. Evidently, bribery and violence can achieve this influence alone, but communication skills are a characteristic of the real entrepreneur, whether legal or illegal, and might influence in the long term success of firms.

Criminal Business Connections (HIGH)

Gangs, culture and prison background are all ways to make the acquaintance of people that can cooperate to make the criminal enterprise successful. Alliances with groups that could provide protection, for example, prove worthy for the advancement of objectives, especially where huge profits are to be made and the risk of opportunism is high. As for the KT, their very profitable alliance with the *Cartel de Sinaloa* to secure entrance of uncut meth into the U.S. speaks of their ability to put aside possible differences and cut deals that benefit both syndicates, for example, protecting themselves against possible rival cartel incursion such as the Beltrán-Leyva (Castillo, 2013).

Legitimate Business Connections (LOW)

Managing a growing firm requires the aid of skilled people. Whether lawyers, accountants, bankers or paid hit men, the criminal enterprise must surround itself with experts in order to consolidate the business and successfully carry out laundering of money while at the same time reducing the risks involved.

There are reports of lawyers, accountants and even computer engineers (Gorman, 2013) working for the KT, however it is unclear if they recruit them by offering them a good salary or are simply kidnapped or threatened to work or face the consequences.

Influential people connections (HIGH)

Criminal involvement of high-ranked politicians or government officials as well as reputed criminals within the criminal world, facilitates the access to information to successfully carrying out money laundering schemes and intimidate those that work to counteract such activities.

Involvement of corrupted Mexican politicians on the business of drug trafficking is a very old story, where top-level statesmen, from Secretaries of Public Security to state governors have been accused and even arrested for embezzlement, money laundering and collaboration with the cartels (Estevez, 2013). Suspected but never proved is the alliance between the DEA and the Sinaloa Cartel to fight rival cartels, a situation that allegedly contributed to the escalation in violence in recent years and would blatantly violate Mexican sovereignty and Public International Law. (Gómora, 2014) These allegations speak clearly of how high up do the Mexican meth Mafia is capable of operating and negotiating, and how eradication of their activities seems rather difficult.

PHASE FOUR: POSITIONING

This phase concerns itself with sustaining the business over time. It involves analysis of current conditions and how they will influence the future. The entrepreneurial capability of "profit maximization", necessary in this stage, relates itself to three business factors:
  1) Local market share
  2) Global market share

3) Competitive advantages

Profit maximization

Motivation to aggressively pursue a criminal business opportunity emerges from the idea of reaping huge profits, but it is not the only reason. There are other drivers for such behavior:
1) Allegiance to a family crime business
2) A need to escape poverty
3) An opportunistic behavior
4) Innovation and creativity

At some point, money is not the only or even the main motivator to continue a life in crime. The thrill of everyday risk, the feeling of being able to beat the system, becomes addicting, and surpasses money-seeking as the main driver to pursue a career in crime.

Local market share (LOW)

Increased market share impacts the totality of a competitive market structure by directly affecting bargaining power of suppliers and reducing the power of customers, rivals and new entrants. Drug trafficking does include the possibility of expansion through increased local market share; however, it has been so far geared towards the U.S. market only. Nonetheless, it is important to mention that meth consumption is on the rise in Mexico, at least 20% annually (Benavides, 2007). One can therefore expect that if tighter police controls begin to heavily crackdown on meth distribution in the U.S., cartels will encourage the development of a domestic market, thus modifying the current rating for this category in the future.

Global market share (MED)

Criminal organizations profit from globalization's trends. Entire countries serve as safe havens for criminal groups, others as suppliers, as hubs or as consumers. For instance, criminals from Colombia cohort with Mexicans to traffic drugs and there have been reports of Russians operating at the Mexico-US border, as well as Mexicans operating in European countries, like Austria.

Mexican meth traffickers supply 80% of U.S. demand (Salter, 2012) and due to the purity of the drug (90%), it is very sought after. Therefore, it is very likely that such share, now relatively small in comparison to cocaine smuggling for example, may increase in the future.

Competitive advantages (HIGH)

For the KT, their main sources of competitive advantage are external. They have benefited from a long story of pervasive and widespread corruption among Michoacán's and Mexico's police, which have allowed them to extort, kidnap and murder unimpeded. Such lucrative bribes for government officials have been illustrated here, and are among the main reasons why 98% of all crimes reported remain unpunished in Mexico, according to Amnesty International.

Another important source of advantage is the failed state or civil war scenarios. Mexico as a country is by no means considered a failed state as per the Fund for Peace 2013 Index, the main authority in the world for this matter, but its score of 97 places it already on warning rating. However, if one were to take Michoacán state as an isolated entity, it does exhibit many of the attributes that this organization proposes as indicators of a failed state:

Social Indicators	Economic Indicators	Political and Military Indicators	
REFUGEES Displacement of people due to drug violence, at least 120,000 people	POVERTY AND ECONOMIC DECLINE One of the poorest states in Mexico; economic stagnation and skyrocketing government debt	STATE LEGITIMACY Extremely high corruption levels, neural center of Mexico's drug trade, high levels of illicit economy, very low government effectiveness.	SECURITY APPARATUS Protests are a hallmark of the sate; Vigilante movement on the rise.
HUMAN FLIGHT AND BRAIN DRAIN One of the highest migration rates in Mexico	UNEVEN ECONOMIC DEVELOPMENT High rural population in poverty with scarce access to services	PUBLIC SERVICES One of the states with the lowest levels of literacy, sanitation, infrastructure , healthcare access, etc. HUMAN RIGHTS AND THE RULE OF LAW Very low levels of press and political freedom, civil liberties endangered due to government ineffectiveness.	FACTIONALIZED ELITES Election results constantly tampered with, Organized crime involvement with political parties, high level of political competition among and within parties.

Source: The Fund for peace, 2013.

Together, these potential state-failure characteristics have become fertile ground for drug traffickers to exploit and profit from, by easily recruiting people affected by poverty, lack of opportunities and low access to primary services; bribing politicians whose corruption practices are in fact their *modus operandi*; as well as operating unimpeded thanks to government inability to fully exercise the rule of law.

Since KT's competitive advantages are external (market structure, access to extortion money due to rampant corruption and authority inefficacy or collusion, easy access to human resources due to structural poverty, etc.) and do not come from their own set of internal resources, a change on those external factors could determine their demise or further success.

The sprung of armed self-defense militias is an example of how a perceived strength can suddenly become a weakness. Further degradation of the security apparatus in Michoacán has led, not to a strengthening of the cartels but to the organization of civilians fed up from paying extortion money and having their relatives kidnapped, raped or killed, threatening directly cartel activities.

The authority void, caused either by ineptitude, negligence or sheer unwillingness, as well as a structural lack of trust on institutions, became favorable to cartel activity but also triggered the will to fight and ultimately expel them from the *Tierra Caliente (*Hot Land*)*, the most important stronghold of the KT in Michoacán, that comprises 18 municipalities of more or less 500,000 inhabitants in total. Oddly enough, on January 14th, 2014, the federal government decided to disarm the vigilante groups as opposed to combat the KT, and sent helicopters and military convoys. End result was a deadly clash between the self-defense movement and Mexican soldiers that left at least two civilians dead (Tuckman, 2014).

The vigilantes publicly condemned government actions and demanded the government to pursue the KT and not them, as they claim to have been left with no other options than to arm themselves. Reports say that KT hit men, while still on the loose, have lessened those activities that hurt people the most, kidnappings and extortion, after the self-defense groups started patrolling their cities (Tuckman, 2013).

One can expect a change on the dynamics of the government-cartels-organized civilians after military intervention. It remains unclear what the consequences could be but we can think of at least four scenarios:

1) Military disarm vigilantes by force and they end up at the mercy of the cartels, and KT remains the actual quasi-governmental institution that it is today;

2) Government decides to sit down with the vigilantes and cuts a deal to expel and fight the KT syndicate together. KT disbands but leaves the region at risk of intervention of rival cartels eager to take control of the port routes to China and India precursor suppliers.

3) Government silently pacts with the Mafia and turns a blind eye to drug trafficking in exchange for reducing

extortions and kidnappings, thus momentarily pacifying the region.

4) Government is unable to disarm vigilantes and they become the *de facto* authority in the region with the risks that such a situation poses, as we have learned from the Colombian FARC's, for example.

The prior analysis leaves us with the following graphic, which is a snapshot of the KT as a criminal business and that helps us answer our initial question: How could the situation escalated to the point of having to send troops to regain control of a *whole* seaport?

The answer are those competitive advantages described before, namely widespread government corruption and a near failed-state scenario as well as an almost endless supply of financial means coming from a relentless drug demand and extortion money. This is how the KT syndicate rapidly became a *de facto* governance institution capable of controlling one of the most important seaports in Mexico. They were able to exploit such advantages to gain access to information, human resources and assets to maintain and expand their illegal activities. Rampant impunity and collusion with the authorities allowed them to operate freely, which brings us to our final and fundamental questions: How can we better police such activities? Is the current strategy the best or could there be a better one? Is a police reform possible?

CRIMINAL BUSINESS ANALYSIS MATRIX (CBAM) OF MEXICAN METH MAFIA

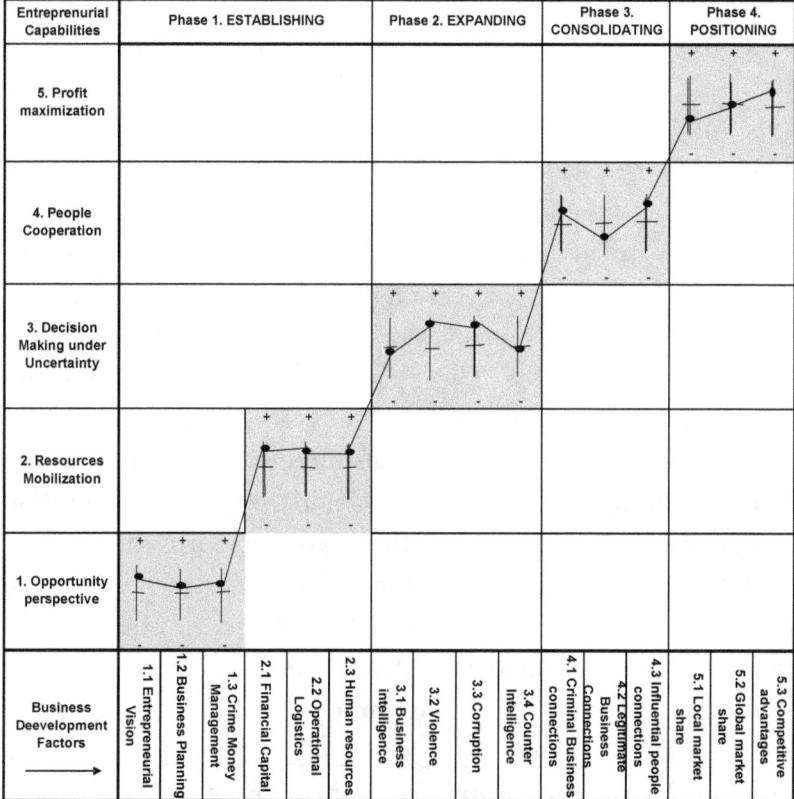

FINAL REMARKS. KNOWLEDGE-MANAGED POLICING AS AN ALTERNATIVE WAY TO COMBAT ORGANIZED CRIMINAL ENTREPRENEURIALISM.

The main conclusion of this analysis is that there cannot be any advances on the current state of events if a **thorough police reform** does not take place beforehand. Another conclusion is that, in view of the fact that market demand for designer drugs is growing so rapidly, police can only currently aspire to *contain* criminal entrepreneurialism by professionalizing itself and, most importantly, make their number one priority the protection of civilians from those crimes that hurt them the most: extortion and kidnapping.

Professionalizing police force has been in the Mexican government's agenda already for some years. Millions of dollars stemming from the U.S.–Mexico security cooperation deal, or *"Plan Mérida"* are supposed to be destined to such purpose although much of that money (at least 88%) remains underutilized by the states and only a small fraction of all security personnel has been evaluated (Corcoran, 2014). A large number of policemen have failed polygraph tests (main feature to test for integrity) and have had to be removed from the force; just in Michoacán, 700 elements were either fired or demoted after being found unfit (Cawley, 2013). This is proof of how a lack of state-federation-municipality coordination makes reducing corruption levels among forces an almost insurmountable task. Despite availability of millions of dollars to clean the police (25 million were assigned on January 2014 to create an Anti-Kidnapping Unit, and an Institute to train police officers and detectives, all certified and trained by the Federal Government), the state of Michoacán has been so far incapable to translate monetary funds into effective, measurable programmes. Moreover, tackling endemic corruption seems rather difficult, when in average, a police cadet with roughly 8 months training receives between 400 and 700 USD as monthly payment (Sabet, 2010), and as it has been stated before, the Mafia is ready to put at least another 800 USD in his pocket to act as an informant or collaborator. Corruption is, therefore, *institutionally predetermined* (Shirk, 2011).

A model that provokes real change among police forces should equip them with an internal resource with VRIO attributes (Barney, 1991). Such resource must be Valuable, Rare, difficult to Imitate and there must be Organizational skills at hand. Such resource is said to be *knowledge*. Policing activities should make use of information and intelligence but they will produce knowledge only if combined with interpretation, reflection and context, all *human* characteristics (Biloslavo, 2005 cited by Dean et. al., 2010). Flexibility, self-organization, and charismatic leadership are all features that discriminate between knowledge-driven and bureaucratic organizations. If criminal enterprises are constantly adapting while the police remains highly bureaucratic, effectiveness in tackling their activities will be low.

Identifying how much knowledge is in the hands of a police force, as far as people and systems is concerned *vis-à-vis* organized criminal groups., allows to better design which law enforcement strategy to implement. Dean et. al. (2010) propose a Strategic Knowledge Framework for that matter:

Strategic Knowledge Framework; "Policing Sector" Positioning

	Low Criminal Knowledge	High Criminal Knowledge
High Policing Knowledge	Sector 3. Targeted policing. Police is ahead of criminals	Sector 4. Competitive policing. Both sides understand each other and possess knowledge and are able to adapt quickly.
Low Policing Knowledge	Sector 1. Random policing. Both criminals and police have basic knowledge of how a crime business operates.	Sector 2. Disadvantaged Policing. Criminals are ahead of the police. Criminal procedures are unfamiliar to law enforcement.

Where is Mexican police located within this framework? The answer: *it depends*. It depends on which police is it that we are speaking about. There are extremely well trained and highly capable police officers on Federal Forces (Sector 4), and at the same time, completely untrained, lacking minimum resources and underequipped municipal police (Sector 2).

A successful strategy will stress the need to invest in knowledge resources. Investment in people is the most important weapon in the war against the cartels. Equipment is important as well, but there is no use on having the ultimate technologies at hand if operators do not understand how to use it and profit from it.

Emphasis on knowledge can be found on The United Kingdom's Serious Organised Crime Agency (SOCA). Its guidelines can be used to shape the current strategy and shift it from "the more traditional *detection, investigation and prosecution* of organized groups to and *intelligence and disruption* focus" (Hartfield, 2008 cited by Dean *et. al.* , 2010), Of course it must be noted that, in the case of Mexico and especially Michoacán, one must start building almost from zero, but it is important to know where and what to build and realizing that there are alternatives and sometimes more effective ways of policing to better allocate an already scarce police budget.

There are four pillars of SOCA's response to organized crime through its Organised Crime Command: *pursue, protect, prevent and prepare.*

According to its website, cutting crime and reducing threats is achieved through the developing of strategic action plans, working with the wider community, collaborating with international partners. Pursuit equals disruption of organized criminal activities and a high emphasis is given to intelligence and information sharing to better protect the economy and communities. Building of specialist knowledge within police forces and enhance their capabilities is also said to be essential to cut criminal activity (NCA, 2014).

The UK experience can serve as guideline to better police operations in Mexico. Use of strategic management tools as presented in this paper as a source of knowledge, prioritizing protection of civilians and cracking down on corruption by increasing preventative measures such as campaigns and initiatives that encourage reporting should be included in every law enforcement agency main strategy.

REFERENCES

Althaus, D. (2014, January 13). "This map could mean militia mayhem for Mexico". *Tucson Sentinel*. Retrieved from: http://www.tucsonsentinel.com/nationworld/report/011314_mex_ militias/this-map-could-mean-militia-mayhem-mexico/

AI (2013) *Annual Report Mexico*. Amnesty International Publications. Retrieved from: https://www.amnesty.org/en/region/mexico/report-2013#section-95-2

Barney, J. (1991). *Firm Resources and Sustained Competitive Advantage*, Journal of Management, 17, 99-120.

Becerra, J. (2013, November 6). "Ganancias de "Templarios" superan 970 mdp al año". *Milenio*. Retrieved from: http://www.milenio.com/policia/Ganancias-Templarios-superan-mdp-ano_14_185521447.html

Becerra, J. (2013, November 11). "Los Templarios pagan al año 325 mdp en sobornos". *Milenio*. Retrieved from: http://www.milenio.com/policia/Templarios-pagan-ano-mdp-sobornos_0_188381201.html

Benavides, C. (2007, June 27). "Tenemos crecimientos relevantes en el consumo de drogas": Medina Mora. *El Universal*. Retrieved from: http://www.eluniversal.com.mx/nacion/152087.html

Bogan, J. (2009, March 12). "Cocaine King.". *Forbes*. Retrieved from: http://www.forbes.com/forbes/2009/0330/102-cocaine-king.html

Cawley, M. (2013, November 13). "Mexico Purges Officers Amid Stumbling Police Reform" *Insight Crime*. Retrieved from: http://www.insightcrime.org/news-briefs/mexico-purges-officers-amid-stumbling-police-reform

Castillo, G. (2013, November 3) "Mercado de metanfetaminas, Nuevo centro de disputa entre las principales bandas del narco".

La Jornada. Retrieved from: http://www.jornada.unam.mx/2013/11/03/politica/004n1pol

Corcoran, P. (2014, January 14) "Mexico States Leave Millions on the Table, Thwart Police Reform" *Insight Crime*. Retrieved from: http://www.insightcrime.org/news-analysis/mexico-states-leave-millions-on-the-table-thwart-police-reform

Dick, A. (1995) *When does Organized Crime Pay? A Transaction Cost Analysis.* International Review of Law and Economics 15:25-45.

Dean *et al* (2010) *Organized Crime. Policing Illegal Business Entrepreneurialism.* Oxford University Press.

Estevez, D. (2013, December 16) The 10 Most Corrupt Mexicans of 2013. *Forbes.* Retrieved from: http://www.forbes.com/sites/doliaestevez/2013/12/16/the-10-most-corrupt-mexicans-of-2013/

Fiorentini , G. (1999) *Organized Crime and Illegal Markets.* Dipartimento di Scienze Economiche. Università di Bologna

Gambetta, D. (1993) *The Sicilian Mafia: The Business of Private Protection.* Cambridge, MA.: Harvard University Press.

Gómora, D. (2014, January 6) La Guerra secreta de la DEA en México. *El Universal.* Retrieved from: http://www.eluniversal.com.mx/nacion-mexico/2014/impreso/la-guerra-secreta-de-la-dea-en-mexico-212050.html

Gorman, R. (2013, November 5) "Status: In a Mexican drug cartel... pouting gangster take to Facebook to show off their bling, molls and heavy firepower". *Mail Online.* Retrieved from: http://www.dailymail.co.uk/news/article-2487477/The-pouting-killers-Facebook-Mexicos-evil-drug-gang-soldiers-social-media-publicize-bling-cash-heavy-firepower.html

Grillo, I. (2012, July 18) "Saint, knights and crystal meth; Mexico's bizarre cartel" *Reuters.* Retrieved from:

http://www.reuters.com/article/2012/07/18/us-mexico-drugs-knights-idUSBRE86H0WB20120718

Grillo, I. (2011, July 23) "Crusaders of Meth: Mexico's Deadly Knights Templar". *Time*. Retrieved from: http://content.time.com/time/world/article/0,8599,2079430,00.html

Kean, J. & Bell, Peter. (2013) *A case study analysis of Israeli Organised Crime (IOC) (1990-2005): applying the Crime Business Analysis Matrix (CBAM)*. Mustang Journal of Law & Legal Studies, 5, pp. 79-96. Available online: http://eprints.qut.edu.au/64609/

Manríquez, J. (2010) *El tráfico de metanfetaminas: Asia-México-Estados Unidos*. Atlas de la Seguridad y la Defensa de México 2012, 25-29. Available online: http://www.seguridadcondemocracia.org/contenido-y-descargas-de-libros/descargas/atlas-de-la-seguridad-y-la-defensa-de-mexico-2012.html

Molzahn, C., Ríos, V., & Shirk, D. (2012) *Drug Violence in Mexico. Data and Analysis Through 2011*. (Trans-Border Institute Special Report 12.03). Available online: *http://justiceinmexico.files.wordpress.com/2010/07/2012-tbi-drugviolence.pdf*

Narváez, N. (2014, January 14) "Un error desarmar autodefensas: Iglesia". *Impacto*. Retrieved from: http://impacto.mx/nacional/tSI/error-del-gobierno-federal-desarmar-autodefensas-sacerdote-de-apatzing%C3%A1n

Phillip, J. (2013, September 12) Chinese Gangs Fuel Meth Scourge in US, Mexico. *Epoch Times*. Retrieved from: http://www.theepochtimes.com/n3/285163-chinese-gangs-fuel-meth-scourge-in-us-mexico/#ixzz2qQZXHQ4j

Sabet, D. (2010) *Police Reform in Mexico: Advances and Persistent Obstacles*. Working Paper. Woodrow Wilson International Center for Scholars. Retrieved from: http://www9.georgetown.edu/faculty/dms76/policefiles/Sabet_police_reform.pdf

Salter, J. (2012) "Mexico Drug Cartels Flood Cheap Meth into U.S." *Huffington Post*. Retrieved from: http://www.huffingtonpost.com/2012/10/11/mexico-drug-cartels-meth_n_1957378.html

Shirk, D. (2011) *The Drug War in Mexico: Confronting a Shared Threat*. Council on Foreign Relations Press. Available online: http://www.cfr.org/mexico/drug-war-mexico/p24262

Schelling, T. (1971) "What is the Business of Organized Crime?", Journal of Public Law, Vol. 20, No. 1, , pp. 71-84

Schloenhardt, A. (1999) 'The Business of Migration: Organised Crime and Illegal Migration in Australia and the Asia-Pacific Region'. Paper Presented to the University of Adelaide Law School (unpublished)

Stevenson, M. (2013, November 13) "Mexican Drug Cartels now make money exporting ore" *AP*. Retrieved from: http://bigstory.ap.org/article/mexican-drug-cartels-now-make-money-exporting-ore

Tuckman, J (2013, October 28) "Mexican vigilantes take on drug cartels - and worry authorities" *The Guardian*. Retrieved from: http://www.theguardian.com/world/2013/oct/28/mexican-militias-vigilantes-drug-cartels

Tuckman, J. (2014, January 14) "Michoacán tense after deadly clashes between Mexican troops and vigilantes" *The Guardian*. Retrieved from: http://www.theguardian.com/world/2014/jan/14/michoacan-tense-clashes-mexican-troops-vigilantes

UNODC, *World Drug Report 2013.* United Nations publication, Sales Mp. E.13.XI.6. Retrieved from: http://www.unodc.org/unodc/secured/wdr/wdr2013/World_Drug_Report_2013.pdf

Weaver, R. (1997) "Intelligence: Trafficking Organizations". *The National Methamphetamine Drug Conference.* National Drug Intelligence Center. Retrieved from: https://www.ncjrs.gov/ondcppubs/publications/drugfact/methconf/contents.html

Wernerfelt, B. (1984), *A resource-based view of the firm.* Strategic Management Journal. 5: 171–180.

Capitulo 6. La cárcel, espacio del poder que reproduce violencias

Renato Salas Alfaro y María Bautista-Cruz*

Introducción

En la última década América Latina ha tenido incrementos en las tasas de delitos y violencia, causando un importante impacto económico (BM, 2013), social y psicológico. En el caso de México, el costo de la violencia en el año 2013 representó 9.4% del PIB; ubicándose dentro de las 25 naciones que incurren en mayores costos por éste problema (Miranda, 2014:29; citado en Salas y Aguirre, 2014). Por otro lado, la Organización Mundial de la Salud (OMS, 2002), manifiesta que cada año, más de 1,6 millones de personas en todo el mundo pierden la vida violentamente. De hecho, la violencia es una de las principales causas de muerte entre la población de 15-44 años de edad, es responsable además del 14% de las defunciones entre la población masculina y del 7% entre la femenina. La OMS urge a los Estados para que consideren la violencia como un problema de salud pública, y como un reflejo de la salud mental de la sociedad. En México, la conducta violenta fue reconocida como un problema de salud pública hasta el 2011; un año después, se publicó la Ley general para la prevención social de la violencia y la delincuencia en el Diario Oficial de la Federación y hasta el 2014 se publica el Programa nacional para la prevención social de la violencia y la delincuencia 2014-2018. Desde que la OMS sugiere que la violencia sea considerada un problema de salud pública, hasta que el Diario de la Federación emite el Programa, transcurren 12 años, tiempo en el cual la agenda política y científica no le dieron la importancia. La sociedad civil se debería preguntar ¿qué beneficios obtenían u obtienen las estructuras e instituciones al no atender los fenómenos psicosociales de la violencia y la delincuencia?

---

* Profesor investigador en el Centro de Investigación en Ciencias Sociales y Humanidades, de la Universidad Autónoma del Estado de México rnt13@hotmail.com; Psicóloga y Maestra en Estudios para la Paz y el Desarrollo lola_avhej@yahoo.com.mx

En el caso de México, las estadísticas de la Secretaría de Gobernación muestran que las cifras del delito en México tienen incrementos pequeños en el último decenio. En el año 2003 la población penitenciaria nacional era de 182, 530, ya para el año 2013, ésta era de 242, 754; el incremento fue de 60, 224 mujeres y hombres, un aumento de 25% en diez años. El total de esta población se ubica en 420 centros penitenciarios, de los cuales en 220 registran una sobrepoblación de 47,476 personas. Asimismo, existe una prevalencia de hombres respecto a las mujeres entre la población recluida. Por ejemplo, en el año 2013, la población penitenciaria nacional fue de 242, 754 personas, pero menos del cinco por ciento eran mujeres (SSPF, 2013). En este mismo año, el Estado de México fue segundo lugar nacional en volumen de población penitenciaria con 17, 694 personas recluidas; casi seis por ciento (1,058) es población femenil y los demás (16, 636) pertenecen a la población varonil. Vale decir, dicha entidad sólo tiene capacidad para 10, 379 personas, lo que genera una sobrepoblación de setenta por ciento.

Aunque el incremento en el volumen de la población penitenciaria, tanto en México como en la entidad, es poco; resulta relevante cualitativamente, pues devela la existencia latente de violencia estructural, que se materializa en la violencia directa, dando como resultado los delitos. Además, se ha constatado (Foucault, 1980), que históricamente el sistema penitenciario, en vez de transformar a los delincuentes en seres que aprendan a gobernarse a sí mismos, sirve para instruir nuevos delincuentes o para reforzar la conducta criminal.

A través de la historia humana, las formas de interacción social se han ido modificando, y como señala Foucault (1991), toda interacción es en mayor o menor grado una relación de poder. En este sentido, transferirle el poder de iniciativa y de decisión a estructuras de poder institucionales -cárcel, hospital médico, psiquiátrico, escuelas, iglesia-, implica distintos riesgos. En el caso del espacio carcelario, aunque pretende realizar una función social de tutelar y encaminar las conductas ilegales, en realidad al transferirle este poder, implica que las relaciones de dominación y sometimiento estarán orientadas a vigilar, controlar y condicionar la conducta individual y colectiva, a partir de una mirada sobre los rostros, cuerpos y actitudes. Los delincuentes, son aislados, discriminados, rechazados, temidos, expuestos a la hostilidad y desconfianza del resto del mundo. Estas características, son las que hacen creer que en realidad la cárcel es un instrumento de reclutamiento e instrucción para conformar un ejército de delincuentes (Foucault, 1991).

Bajo estas consideraciones, esta investigación intenta analizar de que forma la cárcel vista como un espacio que vigila, controla y corrige al humano, también contribuye a reproducir las violencias: simbólica, cultural, estructural y directa. Para esto se toma como referencia un grupo de mujeres recluidas en el Centro Preventivo y de Readaptación Social de Santiaguito, en Almoloya de Juárez en el Estado de México.

Espacios del poder y violencias

¿Qué es el poder?, de acuerdo con Foucault (1980: 156), es la multiplicidad de relaciones de fuerza inmanentes al dominio en el que se inscriben -conjunto de instituciones y aparatos (ejército, policía, medios de comunicación)-. Las relaciones de poder se autoengendran continuamente a nivel inconsciente (Bourdieu, 2000); Foucault (1980), las define como, un conjunto de entramados, dispositivos legales e institucionales que tienen significado en la práctica del poder. El poder se materializa en las ramificaciones terminales, ahí es donde se puede observar. Por ejemplo, en la vida diaria o instituciones específicas. De este modo, las relaciones de poder legitiman un poder dado; pero también afectan su ejercicio y aplicación. Además, el contexto sociocultural y lo simbólico determinan la manera, en que los humanos construyen la práctica del poder y generan sus racionalizaciones. Los contextos capacitan a los humanos a que resuelvan sus conflictos o les priva de ello (Laboratory of Comparative Human Cognition, 1983; citado en Hoffman, 1996).

El poder opera bajo un tipo de racionalidad, que ligado al derecho y a la verdad-saber, se introyecta como discurso de poder en la cognición social. El derecho impone sobre las personas sus preceptos de legalidad y legitimidad, delimitando la conducta de la sociedad humana (pensamientos, emociones y acciones), la tipifica de acuerdo a elementos que retoma de la costumbre y moral de la sociedad. La tipificación es la racionalización, que legitima las relaciones de poder; y para su ejercicio -aparición en la realidad empírica- necesitó de prácticas y discursos que diseñan procedimientos a seguir (Foucault, 1980). Entonces, la sociedad humana no percibe, ni cuestiona que la tipificación la polariza cada vez más, creando una barrera ideológica, la cual es llamada por Galtung violencia cultural, mientras que a la tipificación Bourdieu la nombra violencia simbólica. Las violencias se instituyen a través de las relaciones de poder y la sociedad no las analiza porque su cognición se desarrolló a partir de las relaciones de poder que las ve normales. Hasta aquí se puede observar que, el poder genera saberes que legitiman por medio del derecho el ejercicio del poder.

Más aun, la tipificación de la conducta tiene como efecto una sentencia. Ésta, es un sufrimiento que se añade al delito que cometieron las personas, lo cual es contradictorio a la pretensión del sistema penal de "prevenir y readaptar"; además, lejos de establecer un equilibrio social se adicionan conductas violentas. De acuerdo con Foucault (1991) esto nos lleva a dos tipos de consecuencias: a) el aparato judicial resulta inútil, porque no sabe nada al respecto, es decir, no son competentes en esta materia que es poco jurídica y propiamente psicológica; b) realizar proyectos para sustituir el sistema penitenciario por instituciones mixtas (psicólogo, médico, nutriólogo, psiquiatra) que proporcionen el tratamiento adecuado a las personas que cometen delitos. Pero al mismo tiempo es necesario proteger a la sociedad con instituciones de prevención social.

Entonces puede cuestionarse, ¿cuáles son los beneficios del espacio carcelario? Foucault (1991), menciona que son económicos y políticos. El primero, proporciona ingresos por el narcotráfico, robos, prostitución; el segundo, se refiere a que entre más delincuentes sean recluidos, se explota la lucha contra el crimen y la sociedad acepta los controles policiales y la dominación. Esto sugiere que el sistema penal y el aparato judicial gestionan ilegalismos y enfrentan a unos grupos contra otros: bueno/malo, rico/pobre, empleado/delincuente. Pero, los que legislan, son los que crean las leyes y organizan los espacios en los que la ley es aceptada y sancionada, y espacios donde la ley puede ser violada e ignorada. También marcan geopolíticamente las zonas llamadas vulnerables, en las que el Estado no cederá absolutamente nada y donde los delitos son más numerosos y sentenciados con todo el rigor de la ley. A esto le llama Foucault economía del poder.

Para que la economía del poder continúe funcionando, necesita de la contribución de los que lo soportan. El poder requiere de una legitimación reconocida (impuesta o no). Esta necesidad de legitimación es la violencia simbólica. Lo que significa que las violencias (Bourdieu, 2000), operan a nivel inconsciente. El espacio carcelario es un reflejo del orden social simbólico, es decir, en la materialidad se inscribe lo simbólico. El orden simbólico es una matriz, que construye la realidad interhumana empírica (Laplanche, et al., 2013). Lo simbólico remite a la violencia simbólica (Bourdieu, 2005), descrita como una acción racional, donde el dominador ejerce una forma de violencia indirecta, los dominados no la observan porque es abstracta y no concreta; sin embargo, llega a su inconsciente y son cómplices de la dominación porque la reproducen. Esta violencia es la cara simbólica de la violencia estructural y a su vez inseparable de la idea de poder simbólico[20]. Estas representaciones simbólicas operan en el inconsciente colectivo, dotadas de significación constante, a esto le llama Bourdieu (2000) poder simbólico, el cual se expresa en lo económico, social, artístico. La necesidad de legitimación es la que

---

[20] Por poder simbólico se entiende la capacidad de determinar socialmente el valor de las representaciones simbólicas sociales, por ejemplo, ¿qué actos son más valiosos que otros para un determinado grupo social?, ¿qué formas de acción social tienen más prestigio?

determina el carácter simbólico de la violencia; pues designa los mecanismos de imposición y mantenimiento de poder que operan y emanan de las estructuras y de las relaciones sociales asimétricas, manifestadas mediante actos de simbolización para ser reconocidos como tales. La violencia simbólica oculta la deslegitimación original del acto de imposición enfatizando sus beneficios, o lo convierten en complicidad aparente lo que es obligación real.

El modelo de Bourdieu y la taxonomía de Galtung sobre violencia que a continuación se presenta, apuntan aspectos estructurales y/o institucionales -macro- y aspectos micro-sociales, develando una interacción estrecha entre poder, violencia y delito. La violencia de acuerdo a Galtung (2003) consiste en el no desarrollo de las posibilidades potenciales (somáticas, mentales y sociales) de los seres humanos. Lo cual se traduce en satisfacción o no de necesidades humanas, siempre teniendo en consideración los niveles socialmente posibles en cada contexto. La violencia entonces sería identificada cuando las necesidades fundamentales no se cubren pudiendo ser satisfechas. La taxonomía de Galtung menciona 3 tipos de violencia: directa, estructural y cultural. La primera, involucra lo físico, psicológico y verbal. El mecanismo utilizado en este tipo de violencia es la amenaza a la supervivencia. Aunque esto podría también interpretarse como no violencia, puesto que se evitan muertes directas e inmediatas, como las muertes lentas pero intencionadas como la desnutrición; incluso da la oportunidad a las víctimas de someterse, esto es, perder la libertad e identidad, en vez de pérdida de vidas y miembros. Coacciona al humano sometido para que elija entre los tipos de violencia. La violencia afecta en primer lugar a grupos vulnerados y discriminados: infantes, personas ancianas, mujeres, delincuentes, pobres, etnias.

El segundo tipo de violencia de acuerdo con Galtung (2003) es la estructural -indirecta-, la cual se define como un proceso donde la violencia se produce a través de mediaciones institucionales o estructurales y las personas no la perciben como tal, porque la violencia cultural y la violencia simbólica impiden descubrirla. Por lo que la atribuyen a la suerte, al destino, a seres omnipotentes; produciendo así un efecto en la sociedad de no oponer resistencia, en psicología se le llama indefensión aprendida. Lo anterior conlleva a colaborar con el mantenimiento de la misma.

La violencia cultural es la tercera en la taxonomía del mismo autor, la cual actúa cambiando la moral de un acto, pasando de lo incorrecto a lo correcto, de lo legal a lo ilegal. Esta violencia se ha mantenido latente durante largos periodos de tiempo, se materializa en la religión e ideología, lenguaje y arte, ciencias empíricas y formales; puede utilizarse para justificar la violencia directa y estructural haciendo opaca la realidad, de modo que no se devele el fenómeno, o conducta violenta, o al menos, no como violento. El mecanismo psicológico utilizado es la introyección.

Aspectos metodológicos
Se realizaron 65 entrevistas y observación participante, con mujeres que cometieron diversos delitos violentos y se encuentran recluidas en el Centro Preventivo y de Readaptación Social de Santiaguito (CPRS), en Almoloya de Juárez en el Estado de México. El CPRS tiene una población de 2,382 personas, de las cuales 182 son mujeres y sólo 77 de ellas están sentenciadas, el resto son procesadas (SSPF, 2013). Se eligieron mujeres, porque de acuerdo a la Comisión Nacional para Prevenir la Discriminación (CONAPRED), este es un grupo que sufre discriminación en forma constante, además son mujeres que cometieron delitos violentos tanto del fuero común, como del federal[21], se encuentran

---

[21] El fuero común se refiere a la aplicación territorial de las leyes de las entidades federativas cuando se comete algún delito, en función de lo que se tenga tipificado en el respectivo código penal estatal. Y el fuero federal se refiere a la aplicación territorial de las leyes federales cuando se comete un delito; es decir, cuando se comete un delito en territorio federal, o cuando se encuentra tipificado en ordenamientos como el Código Penal Federal o la Ley Federal contra la Delincuencia Organizada, por ejemplo (Secretariado Ejecutivo, 2015). Cabe mencionar que los delitos de fuero común que cometieron las mujeres del estudio también están tipificados en todos los estados de la república mexicana.

recluidas y ya están sentenciadas, además las mujeres son más expresivas que los hombres y comunican con más facilidad sus emociones (vgr, Palmero et al., 2002), también se tomó en cuenta que su participación fuera voluntaria y que no fueran pacientes psiquiátricos. Vale decir que los diversos trámites del CPRS influyeron para que esta investigación contemplara dos fases, aplicación de cuestionario y observación estructurada participante[22], la cual sustenta este trabajo y que fue realizada entre septiembre y noviembre de 2014. La participación fue en distintas formas y momentos, en el registro civil de matrimonios e hijos nacidos ahí, en la venta de repostería y artesanía elaborada por ellas, en actividades de recreación y convivios, en la observación de los quehaceres cotidianos: lavar ropa y trastes, desinfectar colchones, así como los momentos de ocio.

Resultados

Los resultados se exponen conforme a la influencia y vivencia que han tenido las mujeres recluidas en las dimensiones: poder-estatus, emociones y cognición, que se exploraron en la investigación. Esto se realiza desde una perspectiva interaccionista en el espacio carcelario.

La sociodemografía.- Dos de cada tres mujeres nacieron en la entidad mexiquense y tienen un rango de edad entre 25-44 años. Antes de ser recluidas en el CPRS laboraban en el trabajo informal. Asimismo, dos de cada tres, tienen educación básica y media superior. Una de cada tres manifiesta tener hipertensión[23]. Alrededor del 70.8% cometieron delitos violentos del fuero común, el resto corresponden al fuero federal: robo con violencia, homicidio, secuestro, lesiones, daños contra la salud, extorsión,

---

[22] Este método se utiliza con la pretensión de corroborar y enriquecer los datos obtenidos de las entrevistas, se estructura conforme a las 4 dimensiones (poder-estatus, emociones y cognición) que evalúa la entrevista.

[23] La hipertensión puede desencadenarse por factores psicológicos, como: ansiedad, emociones negativas (ira, odio, tristeza, vergüenza) incomodidad, inactividad física y stress (Isselbacher, et al., 2014).

delincuencia organizada, portación de arma de fuego y malversación de fondos.

La gráfica 1, muestra la distribución de los delitos. Puede verse que algunas barras tienen más de uno, esto porque una de cada cuatro cometió hasta dos delitos; en general, tres de cada cuatro mujeres cometieron alguno de los cuatro delitos violentos más frecuentes: robo con violencia (26.2%), ocupando éste el primer lugar; en segundo lugar se encuentra el homicidio calificado (20%); en tercer lugar está el secuestro (18.5%); y en cuarto lugar está el delito de daños contra la salud (13.8%).

Gráfica 1.- delitos violentos

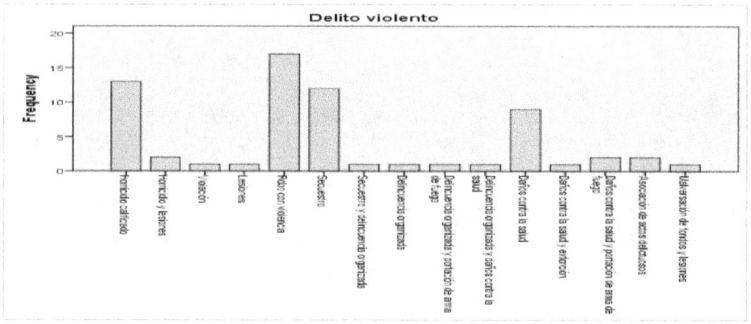

Fuente: elaboración propia.

Poder-estatus.- Las mujeres recluidas han vivido relaciones de poder cotidianas, pero se identifica a la familia como estímulo activador que las impulsa a realizar una conducta determinada en la cual está implícita la resistencia. Los datos obtenidos evidencian que la institución familiar desempeña una función motivacional extrínseca, que sin embargo tiene sus propias fricciones. Algunas mujeres recluidas dicen: *"mi familia es todo lo que tengo y lo que hice fue para sacarla adelante"*, es decir, cometieron delitos violentos bajo la coacción directa e indirecta de su institución familiar, incluso sin saber si aquella estaba o no de acuerdo; aun así, la acción -delito- tenía la intención de modificar su estatus. En los vínculos inmediatos llama la atención el lugar que ocupan en la relación de dominio, hacia las mujeres en cuestión, la madre y el padre. Aunque en realidad ellas respondieron también al estímulo de quienes las dominaban y controlaban.

También las dimensiones de poder-estatus se constataron en el espacio carcelario, donde una mujer menciona: *"no tengo apoyo familiar y la única persona que puede ayudarme [no es de su familia] no puede entrar, sólo quiero que la dejen entrar porque es apoyo moral y económico. Las veces que ha entrado es porque les paga a los oficiales, pero no siempre puede pagarles y si no me apoya no sé cómo le voy hacer para mantenerme aquí"*. El discurso devela las relaciones de poder -dominación y sometimiento-, la insuficiencia de estatus y la manifestación de violencia institucional y violencia directa.

De igual forma, se constató por los psicólogos que laboran en el CPRS, quienes les indican a las mujeres recluidas, el dormitorio donde permanecerán de acuerdo al capital simbólico que poseen.

En este tenor, como ocurre en la sociedad en general, también en el sistema penitenciario se verifica una lucha de fuerzas y discriminación, que es una forma de violencia simbólica manifiesta. Esto sugiere que los CPRS, diseñados desde el poder, son espacios donde se inscribe y reproduce el discurso del mismo ya existente en otros espacios. Lo que significa que la población penitenciaria sólo ha cambiado de espacio. Este es un modo de legitimar la dominación y sometimiento bajo la racionalización del derecho, lo cual también es violencia simbólica.

Cognición y emociones.- Otras mujeres agregan: *"ya sabía que un día terminaría en la cárcel"*, en esta expresión ellas muestran como procesaban la información que había en sus contextos, según se aprecia, con base en ésta emitían una valoración cognitiva que las hacía sentirse en riesgo contante. El malestar social que percibían, era una violencia estructural latente sobre ellas, que aún no se manifestaba en acciones de violencia directa. La conducta delictiva violenta fue la manera de intentar resistir o destruir el poder que emanaba de sus vínculos inmediatos (pareja, madre y padre); inconscientemente se percibían amenazadas y sometidas por ese poder.

Las cárceles con sobrepoblación, no alcanzan a cubrir el área de la salud entendida en un sentido amplio. Como fue referido, el CPRS de Santiaguito tiene setenta por ciento más de reclusos de los que puede soportar su capacidad. En consecuencia las mujeres y hombres recluidos viven en hacinamiento, lo cual desencadena un desequilibrio homeostático en todas las esferas que los integran y favorece la propagación de enfermedades físicas y psicológicas. Como ellas comentan *"si uno ya viene mal de la cabeza, aquí empeora"*. Esto sugiere que las mujeres perciben que su esfera psicológica empeora en el espacio carcelario a diferencia de lo que podría ser el objetivo de tenerlas recluidas. Otros trabajos (Rodríguez (2008: 162), han detectado que si un sujeto no estaba neurótico al cometer el delito, tiene una gran probabilidad de convertirse en neurótico dentro de la cárcel, lo cual vuelve muy difícil el tratamiento de un interno con neurosis carcelaria. Para que este trastorno se desarrolle es necesario que el recluido sufra altos grados de angustia relacionados con la inseguridad, frustración, incertidumbre, miedo, tristeza, ira, odio (emociones negativas), hacinamiento, estrés, soledad, culpabilidad y vergüenza. Factores que a la vez pueden desencadenar violencia. El hacinamiento carcelario, tampoco permite la abreacción[24], la cual es necesaria pero se encuentra limitada, aunado a ello, las mujeres evitan hablar sobre el delito violento y las experiencias conectadas a contenidos emocionales negativos. También muestran indiferencia con respecto a todas las esferas que conforman su vida; siendo éste un síntoma de la depresión. En conjunto puede desencadenarse vacío existencial, enfermedades mentales y en el peor de los casos, llevar a las mujeres al suicidio. En este sentido, la acción de separar y aislar del mundo exterior, a la mujer que cometió un delito para recluirla en la cárcel, en vez

---

[24] En psicoanálisis este concepto se entiende como la descarga emocional por medio de la cual el ser humano se libera del afecto ligado al recuerdo de un acontecimiento traumático, lo que evita que éste se convierta en patógeno (Laplanche, et al., 2013).

de darle tratamiento en su psiquismo alterado y ayudarle, les violenta su alma, les gesta un dolor psíquico que no es curable con medicamentos.

Como señaló Galtung, la violencia estructural enmascara la violencia psicológica que opera sobre el alma -directa- y la violencia cultural latente. El sistema penitenciario, no enseña a los delincuentes a gobernarse a sí mismos, sino que instruyen delincuencia. Entonces, si las mujeres ingresaron por cometer un delito violento, el espacio carcelario les refuerza la conducta violenta y otros rasgos de personalidad, a la vez que gesta nuevos conflictos psicosociales. Por lo tanto, el espacio carcelario no educa, no previene y no readapta.

Asimismo, la resistencia de las mujeres recluidas es débil, porque la realizan desde las mismas estrategias simbólicas que los dominadores emplean contra ellas. Esto es, de acuerdo a Bourdieu (2000), los pensamientos y percepciones de ellas, están estructurados con relación a las propias estructuras de la relación de dominación que se les impuso, de tal forma que sus actos de conocimiento son actos de reconocimiento y sumisión. El orden social simbólico homogeneiza a través de procesos educativos, de socialización, y de prescripciones morales y emocionales; es un proceso que se autoengendra constantemente, debido a que se cristalizó en el pasado, en las instituciones: familiar, iglesia, Estado y escuela, depositándose en el inconsciente colectivo. Esto implica que las mujeres recluidas, contribuyen a la reproducción de las violencias sin estar conscientes de ello; pues han almacenado en su memoria y somatizado las relaciones sociales de dominación -lucha de poder-, de tal manera que su percepción las interpreta como algo natural.

Poder y cognición.- Al analizar el contenido del discurso de las mujeres recluidas, se descubren las relaciones de fuerzas a las que alude Foucault. Ellas expresan que su vida en la cárcel depende de: *"lo que Dios diga"*. Esta frase revela violencia cultural latente, puesto que se sienten sometidas a un ser omnipotente, cosa que ya han normalizado. Una de las características de este tipo de violencia es que no se opone resistencia, lo que conlleva de acuerdo con Galtung (2003), a colaborar con el mantenimiento y reproducción de la misma, que a su vez, se apoya en la violencia simbólica. Al percibirse sometidas por un ser omnipotente, donde las fuerzas son desiguales, ellas reaccionan negando su realidad empírica y psíquica, porque previamente ya hicieron una valoración cognitiva negativa a nivel inconsciente. Este mecanismo de defensa les permite protegerse y alejarse de la realidad, renunciando a la lucha de fuerzas; por lo que no afrontan las exigencias de su contexto y se desresponsabilizan de sus acciones.

En el caso de las mujeres sentenciadas, fueron privadas de su libertad en un espacio carcelario, convirtiéndose en un grupo doblemente discriminado; por ser mujeres y por ser delincuentes, aunque fue aún más discriminada aquella mujer que pertenecía a un grupo étnico y la que era adulto mayor. Tal situación coloca a estas mujeres, en lo simbólico, como un grupo peligroso para la sociedad -polarización social-; y aunque hayan cumplido su sentencia quedarán estigmatizadas el resto de sus días.

Podemos preguntarnos ¿Cuáles son los beneficios y la función del espacio carcelario? Una mujer recluida narra: *"es falso que el sistema penitenciario te ayude a reincorporarte a la sociedad, todo lo contrario, hace que crezcan emociones negativas y tampoco nos mantienen. Uno se mantiene y compra sus cosas personales dentro de la institución (se refiere a la cárcel) y nos las venden caras. Es mentira todo lo que dicen, se quedan ellos con el dinero"*.

Otra mujer relata: *"los que no somos delincuentes aquí nos vuelven delincuentes"*.

Ambos discursos confirman que la cárcel no les enseña a gobernarse a sí mismos, si algún día salen no podrán insertarse al orden social simbólico en términos de personas reformadas, pero si como personas resentidas y con alta posibilidad de delinquir.

Entonces, la cárcel se vuelve otro espacio de poder que reproducen violencias y que violenta los derechos de los recluidos: el derecho al no hacinamiento, el derecho a la protección de la integridad física, el derecho al trato digno, el derecho a no ser discriminado, el derecho humano a la paz, entre otros.

Conclusiones

La cárcel es un espacio de poder que contribuye a reproducir las estructuras sociales, políticas y demás, que la inventaron y la mantienen funcionando. Siguiendo a Foucault, una estructura total incita, induce, facilita o dificulta, la forma de actuar de una persona, esto significa que la conducta social es motivada, además del factor endógeno de la cognición, por factores exógenos como poder-estatus y emociones en la dimensión micro; telón de fondo del delito violento. En el caso de las mujeres recluidas en el CPRS de Santiaguito, los dominadores son sus parejas, sus padres y la coacción social. Dado que la posibilidad de que las personas resuelvan sus problemas, depende del nivel de cognición y capital simbólico con el que cuenten, en este caso la comisión del delito violento puede verse como una forma de resistencia ante la lucha de fuerzas, a través de la cual se pretende solucionar los conflictos que no pueden contenerse más y cuando la solución parece imposible a través de procesos cognitivos superiores o legales.

En general, las mujeres recluidas que actuaron más impulsivamente fueron las que cometieron homicidio, esto significa, que entre las leyes, los códigos del orden social simbólico y la vida, ellas eligieron "su vida", aunque eso implicaba transgredir la ley y someterse a una pena. Aunque desde antes de la comisión del delito, las mujeres ya eran parte de un grupo vulnerable que requería atención, ante la falta de ésta, ellas respondieron con la comisión del delito. Una vez que ingresaron al CPRS de Santiaguito, no cambio su vulnerabilidad, ésta más bien se reprodujo y agudizo. En reclusión deben vivir bajo reglas, control y vigilancia, pierden el dominio de sí mismas, no todas tienen herramientas para afrontar esta situación y en muchos casos su condición humana se inhabilita por completo. En este sentido, los CRPS no garantizan las condiciones necesarias para que los reclusos puedan después reinsertarse en la sociedad como ciudadanos reformados; poco de lo que señala el artículo 18 de la Constitución Política de los Estados Unidos Mexicanos, favorecer la reinserción social a futuro se puede cumplir, el trabajo, la capacitación la educación son escasos, la salud y el deporte están restringidos; las mujeres patean una bolsa con basura para divertirse, lavan su ropa y hacen otros quehaceres como deporte. Estos CPRS figuran escuelas de delincuencia, explotan al máximo la amplia gama de ilegalidad y la aplican a los grupos sociales más desprotegidos, en beneficio de grupos minoritarios que ostentan poder económico y político.

Mesografía

APA (American Psychiatric Association) (2014) *Manual Diagnóstico y Estadístico de los Trastornos Mentales (DSM-V)*, Estados Unidos, American Psychiatric Association.

Beck, Ulrick (2002) *La sociedad del riesgo*, España, Paidós.

Banco Mundial (BM) (2013) *Banco Mundial advierte de impacto económico de la violencia en América Latina*. Disponible en: http://www.cinu.mx/noticias/mexico/banco-mundial-advierte-de-impa/ [13/enero/2015].

Bourdieu, Pierre (2000) *La dominación masculina*, Barcelona, Anagrama.

Bourdieu, Pierre (2005) *Capital cultural, escuela y espacio social*, México, Siglo XXI.

Diario Oficial de la Federación (2012) *Ley General para la prevención social de la violencia y la delincuencia*. Disponible en: https://www.sep.gob.mx/work/models/sep1/Resource/558c2c24-0b12-4676-ad90-8ab78086b184/ley_general_preven_soc_violencia.pdf [05/08/2015].

Diario Oficial de la Federación (2014) *Programa nacional para la prevención social de la violencia y la delincuencia 2014-2018.* Disponible en: http://www.dof.gob.mx/nota_detalle.php?codigo=5343087&fecha=30/04/2014 [05/08/2015].

Foucault, Michel (1972) "Théories et institutions pénales", Gallimard-Le Seuil (comp.) *Cours au Collège de France*, 13 vols. Francia.

Foucault, Michel (1980) *Microfísica del poder*, Madrid, La Piqueta.

Foucault, Michel (1991) "De los suplicios a las celdas" en Michel Foucault, *Saber y verdad*, Madrid, La Piqueta.

Foucault, Michel (1991) "Nuevo orden interior y control social" en Michel Foucault, *Saber y verdad*, Madrid, La Piqueta.

Foucault, Michel (2003) *Vigilar y castigar*, Argentina, Siglo XXI.

Galtung, Johan (2003) *Violencia cultural*, España, Gernika Gogoratuz.

Hoffman, Lois (1996) *Psicología del desarrollo hoy*, vol. 1. España, Mc Graw Hill.

INEGI (2011) ¿De qué mueren los mexicanos? Disponible en: http://cuentame.inegi.org.mx/poblacion/defunciones.aspx?tema=P [06/03/2015].

Isselbacher, Kurt, et al. (2014) *Compendio Harrison. Principios de medicina interna, Tomo I*. Madrid, Mc Graw-Hill.

Laplanche, Jean, Pontalis, Jean-Bertrand y Lagache, Daniel (2003) *Diccionario de Psicoanálisis*, España, Paidós.

Organización Mundial de la Salud (2002) *La violencia, un problema de salud pública.* Disponible en: http://www.who.int/violence_injury_prevention/violence/world_report/en/ [12/02/2014].

Organización Mundial de la Salud (2015) *Salud mental.* Disponible en: http://www.who.int/topics/mental_health/es/ [09/03/2015].

Palmero, Fracesc, et al. (2002) *Psicología de la motivación y de la emoción*, España, Mc Graw Hill.

Pick, Susan y López, Ana (2002) *Cómo investigar en ciencias sociales*, México, Trillas.

Rodríguez, María (2008) "Violencia homicida: clasificación y factores de riesgo", *Revista Medicina UPB*. Universidad Pontificia Bolivariana, vol. 27, núm. 2 julio-diciembre. Disponible en: http://www.redalyc.org/pdf/1590/159013081008.pdf [16/12/2013].

Salas, Renato y Aguirre Jerjes (2014) "Violencia y migración: El caso del Estado de México en la primera década del siglo XXI", *Temas de historia y discontinuidad sociocultural*, México, Library outsorcing service (en Prensa).

Secretariado Ejecutivo (2015) *Incidencia delictiva.* Disponible en: http://secretariadoejecutivo.gob.mx/faq/incidencia-delictiva.php [12/12/2015].

Secretaría de Seguridad Pública Federal (2013) *Estadísticas de Sistema Penitenciario Nacional.* Disponible en: http://www.sspf.gob.mx/portalWebApp/wlp.c?_c=8a3 [11/04/2013].

Capítulo 7. Sugerencias de política pública al caso Michoacàn

El objetivo de esta capitulo es plantear alternativas de atención al problema de la inseguridad y la delincuencia en el estado de Michoacán. La sección se divide en dos partes principales. Aquellas que tiene que ver con recomendaciones generales a nivel de la país y aquellas especificas al estado de Michoacán. Las recomendaciones se dividen en tres aspectos fundamentales de orden económico, jurídico y social y están orientadas fundamentalmente al ámbito estatal. Cada una de estas recomendaciones se instrumenta y aterriza en una propuesta concreta de programa de gobierno.

Inclusión del estado en la discusión nacional e internacional sobre el tema del narcotráfico.

La violencia en Michoacán tiene raíces culturales, sociales y económicas profundas. Sin embargo, existen factores internacionales y globales que han también influido en la situación de violencia que se vive en la entidad. Estos factores de orden global ha sido poco considerados dentro de las estrategias que se han seguido en el estado. En general, las políticas seguidas por las autoridades estatales de Michoacán en contra del crimen y la violencia han sido delegadas al gobierno federal. Con esto se ha perdido una oportunidad importante de poder influir en el diseño de las políticas que afectan directamente a los michoacanos. Siendo Michoacán un estado que ha sufrido de modo directo las consecuencias de la violencia debe tener una opinión propia y sugerencias que realizar ante un problema que le afecta.

Por otro lado, la violencia en Michoacán tiene un importante componente internacional y específicamente de responsabilidad del gobierno de los Estados Unidos que afecta directamente a estados mexicano como Michoacán. Michoacán ha resentido las consecuencias del alto consumo de drogas en EUA, del cierre de las vías de trasporte de narcóticos que han hecho del estado un puente para el trasiego de drogas por vías terrestres, de la facilidad para le venta de armas de asalto a EUA y de la negativa de muchos sectores de la sociedad estadounidense para negociar un acuerdo migratorio. Por todo lo anterior, Michoacán debe de buscar una mayor participación ante el gobierno estadounidense en la negociación que existe de fondos de apoyo a México en contra de las drogas, específicamente, dentro de la llamada iniciativa Mérida.

Asimismo, dentro del contexto de un nuevo federalismo el estado debe de participar activamente en el diseño de las políticas nacionales en contra del crimen y empujar desde abajo las propuestas internacionales del país en contra de la violencia criminal. Específicamente, es necesario discutir aspectos como la posible legalización de las drogas que constituye una de las vías indirectas más efectivas para disminuir la violencia derivada del narcotráfico.

Establecimiento de un acuerdo social amplio en contra de la delincuencia

La información de campo recabada arroja la existencia de un acuerdo implícito de la sociedad michoacana por la aceptación del crimen organizado como ente mediador de la convivencia social. Ante la debilidad del Estado mexicano, particularmente de los gobiernos locales, el orden que un primer momento ofrecían los grupos del crimen organizado fue ampliamente aceptado.

La sociedad Michoacán toleró la presencia de grupos de criminales que poco a poco incrementaron la extracción de rentas a la sociedad michoacana hasta llegar a los extremos de expoliación a la sociedad que fue un factor preponderante para explicar la formación de las autodefensas y el principio del fin de la principal banda del crimen organizado en Michoacán. El inicio de una nueva estrategia en contra de la delincuencia debe de partir de un claro compromiso de la sociedad por no tolerar una vez más la presencia de grupos criminales que intenten normar la vida en sociedad y que suplanten a las autoridades y los mecanismos formales establecidos para la convivencia pacífica.

Es necesario el establecimiento de un amplio consenso que tome la forma de un Acuerdo en Contra de la delincuencia y el crimen organizado. Este acuerdo debe ser suscrito por los principales actores sociales del estado, incluyendo partidos políticas, representantes populares, asociaciones empresariales, universidades y en general de representantes genuinos de la sociedad. Este acuerdo deberá ser ratificado por regiones para darle una particularidad regional y una mayor cohesión social y para incluir los miembros más representativos de la sociedad. Este acuerdo debe de establecer los siguientes puntos principales:

1) Una cero tolerancia al establecimiento de grupos delincuenciales en Michoacán.

2) Un compromiso con la cultura de la legalidad y el respeto a la ley

3) Un compromiso claro con el apoyo a acciones sociales preventivas en contra de la violencia.

División territorial del estado por zonas de alta incidencia criminal

Los resultados del diagnóstico reflejan la existencia de zonas de mayor incidencia criminal y violencia en el estado. Ante una situación de escasez de recursos es necesario priorizar las regiones que requieren de una atención más inmediata y urgente. En estos municipios y localidades deben de aplicarse los programas de gobierno y las políticas públicas preventivas de la delincuencia. Es necesario priorizar las acciones de gobierno en estas regiones. Los resultados del diagnóstico muestran la especificidad incluso dentro de los municipios de ciertas localidades con alta incidencia delictiva derivada de núcleos de población con tendencias delictivas, una cultura o trayectoria histórica de crimen o de factores naturales.

Debe señalarse que actualmente existe una demarcación del gobierno federal en zonas de alto índice de criminalidad. Los llamados polígonos del crimen. Para el caso de Michoacán estos polígonos comprenden Morelia, Apatzingán, Uruapan y Lázaro Cárdenas. El esquema de atención de los polígonos debe ser refinado e incorporar esquemas de educación, proyectos de inversión y salud. Debe buscarse una atención integral a las localidad de atención prioritaria elegidas.

Debe generarse un esquema de desarrollo regional a nivel micro regiones que asocie mejoras en la calidad de vida con oportunidades de vida adecuadas. Finalmente, debe partirse que el concepto de desarrollo regional es algo más que la expansión agrícola o industrial la producción y el crecimiento de la renta real per cápita. Los niveles de desarrollo social y económico de una región se reflejan en su grado de urbanización, la diversidad de su base económica, la importancia relativa de la actividad económica orientada a los servicios en la economía regional conjunto, el crecimiento demográfico y la movilidad, y la calidad de su infraestructura.

Creación de una instancia unificada de esfuerzos gubernamentales

Existe una duplicidad de esfuerzos gubernamentales que deben ser reunificados y focalizados en las zonas de atención prioritaria planteadas anteriormente. En los llamados polígonos de seguridad que son el antecedente de focalización de esfuerzos gubernamentales más inmediato, fallo el logro de una adecuada transversalidad de los recursos gubernamentales. Es necesario la creación de una Instancia de Coordinación de los Apoyos al Desarrollo Económico. Esta oficina deberá depender directamente de la Secretaría de Gobernación y coordinar todos los esfuerzos de políticas públicas.

Discutir el modelo prohibicionista

Una buena parte del problema de las drogas y por ende de la violencia en México y en Michoacán, específicamente, es el esquema prohibicionista en EUA de no permitir la legalización de los estupefacientes. Abandonar el modelo prohibicionista sobre el asunto de las drogas es la única manera efectiva de detener la violencia en México y su contagio a los Estados Unidos. Mientras la estrategia prohibicionista está en su lugar, las enormes utilidades de mercado negro de drogas ilegales continúen generando un entorno adecuado a la violencia. De acuerdo con Miron (2009) de la Universidad de Harvard la *"Prohibición crea la violencia ya que impulsa el mercado clandestino de drogas. Esto significa que los compradores y vendedores no pueden resolver sus disputas con juicios, arbitraje o por publicidad, por lo que recurren a la violencia en su lugar. La violencia era común en la industria del alcohol cuando fue prohibido durante la prohibición, pero no antes o después ... Violencia resulta de las políticas que crean mercados negros, no de las características de la actividad o bien de que se trate"*. Poner fin a la prohibición de drogas sería desfinanciar las organizaciones de tráfico de criminales y reducir su poder. (Carpenter, 2009)

Para otros autores como Shirk (2011) dice, *"Durante las últimas cuatro décadas, la guerra contra las drogas ha carecido de objetivos claros, coherentes, o alcanzables; ha tenido poco efecto sobre la demanda agregada; y ha impuesto un enorme costo social y económico.* Este autor apoya la propuesta de Carpenter para que Estados Unidos utilice otras alternativas como reformar el sistema judicial mexicano disfuncional y combatir los esfuerzos de reclutamiento de carteles de la droga mediante el fomento de oportunidades alternativas a través de la ayuda al desarrollo para en regiones de riesgo.

Este autor se inclina más para tratar de reducir el contrabando de armas y el consumo de drogas ilícitas y de buscar métodos más eficaces de interdicción. También propone por un cambio dramático en la política estadounidense, instando al gobierno federal para permitir a los estados experimenten con enfoques alternativos para reducir el daño causado por las drogas, incluso por la legalización de la marihuana plenamente. En opinión del Shirk, el principal indicador de éxito de la política debería pasar de la cantidad de drogas incautadas a las reducciones en el nivel de violencia relacionada con las drogas.

Estos argumentos, sin embargo, pierden de vista la profunda debilidad institucional del estado mexicano y en específico del gobierno de Michoacán, tal como se discute en la sección respectiva. Dado el estado actual del debate sobre las drogas la legalización es un tema de meridano plazo, que escaparía al ámbito mas inmediato que debe tener una recomendación académica. De no existir la violencia generada por las drogas existiría de cualquier modo violencia generada por los vacios de autoridad generados por la falta legitimidad del estado, sobre todo de los gobiernos municipales. Independientemente del problema del narcotráfico la debilidad del Estado Mexicano debe ser una prioridad de atención.

La recomendación puntual sería la de estimular el debate sobre la legalización de las drogas y de la una mayor participación e involucramiento del Estado de Michoacán en la discusión en

Estados Unidos sobre el tema. Debe de buscarse específicamente alimentar las propuestas de una mayor cooperación y ayuda económica a las regiones de mayor violencia en el estado. Específicamente, debería buscarse apoyo de Organismos Internacionales para proyectos de desarrollo económico de alto impacto social en la Tierra Caliente de Michoacán. Asimismo, como se verá en la sección respectiva también de proyectos educativos, sobre todos de aspectos de evaluación de la calidad educativa.

Finalmente, debe reactivarse la Banca de Desarrollo Binacional, específicamente con instrumentos como el *North American Development Bank* o el Banco Inter Americano de Desarrollo (BID) y otros instrumentos de financiamiento del desarrollo. Existe una tendencia cada vez mayor a buscar respuestas estructurales a los problemas de la violencia. El financiamiento a proyectos de desarrollo pueden ser una alternativa para el fondeo de recursos.

La legalización de las drogas

Una posibilidad que se ha manejado como una manera de mitigar el problema de violencia asociada con las drogas en México ha sido la de legalizar la producción el consumo y la comercialización de estupefacientes. Al respecto de esto debe decirse que la violencia originada por la ilegalidad de las drogas continuaría presente en México. Como se ha visto en el presente texto, la situación de violencia que se vive por el problema de las drogas no tiene que ver únicamente con la presencia de bandas criminales que se dedican a los narcóticos, sino a debilidades estructurales de las instituciones de convivencia social en México. La violencia continuaría indudablemente dada la falta de oportunidades económicas, las debilidades en la institución familiar, y la profunda y continua deslegitimidad del estado mexicano.

Una explicación que podría acercarse a las consecuencias de la eventual legalización de las drogas en México puede darse en el caso de Michoacán en que las bandas dedicas a las distintas fases a la producción y comercialización de enervantes se dedican ahora a la extorsión, el robo, y el secuestro.

Por otro lado, las consecuencias de la legalización de las drogas se presentan como inciertas para el caso del estado mexicano, el que la sociedad pueda disponer libremente de las drogas podría acarrear una profunda crisis de salud pública en el país en la cual el gobierno se vea desbordado por una epidemia de adicción que pudiera convertirse en el problema de salud pública número 1 del país.

Un símil que nos puede mostrar las consecuencias de una eventual legalización de las drogas es la ola de embarazo adolescente que se vive en México. A pesar de la existencia de información en salud reproductiva y los relativos mayores niveles descolarías, además de una oferta gratuita de métodos anticonceptivos, se tiene actualmente una ola de embarazos adolescentes. Si se extrapola la anterior situación a una eventual legalización de las drogas se tiene que podría generarse un problema de salud pública de consecuencias indeterminadas.

Además de lo anterior una eventual legalización de las drogas tendría que consensarse con Estados Unidos que es el principal consumidor y mercado de los carteles mexicanos. Las tendencias actuales en dicho país muestran un rechazo a una eventual legalización de las drogas. El discurso político de los candidatos presidenciales en EUA muestra poca disposición del futuro presidente de los EUA por hacer legales las drogas. En este contexto la legalización de las drogas debe quedar como un objetivo de mediano plazo sin esperar que la solución a los problemas de violencia en México se resuelva de una solución de legalización.

Disminución de la corrupción

La corrupción se encuentra en la medula de la situación de crimen y delincuencia del estado de Michoacán. Un estado corrupto carece de los mecanismos necesarios para combatir el crimen organizado. La corrupción deslegitima a los gobiernos quitándoles la autoridad necesaria para ejercer adecuadamente el uso de la fuerza. La corrupción socava las instituciones democráticas, frena el desarrollo económico y contribuye a la inestabilidad gubernamental. La corrupción ataca los cimientos de las instituciones democráticas mediante la distorsión de los procesos electorales y pervierte el estado de derecho.

El primer objetivo de Michoacán debe ser reducir la corrupción como la manera más adecuada para erradicar la violencia derivada de la actividad criminal. La corrupción debe ser una prioridad de gobierno y debe ser atendida por medio de modificaciones legales que maximicen la trasparencia y la rendición de cuentas. La posibilidad de reelección de alcaldes y diputados ofrece una gran oportunidad para lograr balances institucionales que favorezcan la trasparencia de gobierno. Asimismo, es necesario el involucramiento de instancias internacionales como la ONU y la OCDE en un plan estatal en contra de la corrupción. Este plan deberá de contemplar los siguientes puntos (ONU, 2003):

- Ser incluyente

- Comprensivo

- Integrado

- Trasparente

- No partidista

- Basado en la evidencia

- Orientado a impactos

La situación de violencia experimentada por Michoacán debe ser vista como la irrupción de numerosas contradicciones políticas que provocaron una alianza tácita del gobierno con el crimen organizado. Esta situación puede continuar si no se toman las medidas políticas necesarios y se hace una prioridad estatal el combate a la corrupción y el fortalecimiento institucional. La llegada de una nueva administración estatal posibilita los cambios necesarios para emprender estas reformas. Finalmente, el combate a la corrupción debe ser una prioridad dentro del Pacto en contra de la Criminalidad que se plantea en este reporte.

El concepto de prevención del delito

El objetivo de las políticas públicas que se desarrolla en Michoacán por parte de los tres niveles de gobierno debe ser la disminución de la violencia provocada por la actividad de los grupos delictivos. La violencia generada por los grupos delincuenciales en la llamada guerra contra las drogas de 2007, se debe en buena medida a la falta de una conceptualización adecuada de los objetivos y fines que el estado mexicano debía perseguir en su lucha contra los grupos criminales (Pereyra, 2012; Ríos, 2013). El objetivo trazado era aniquilar a los principales grupos delincuenciales y de esta manera debilitarlos y eventualmente cesar su actividad. En la práctica, ante la captura o muerte de los líderes, la actividad criminal continuaba por los sobrevivientes de la cadena de mando y generaba una violencia más atroz para llenar los vacíos de poder dejados por los carteles debilitados y por las peleas internas por la sucesión del mando. La mayor parte de los muertos se asocian a estos factores. El caso de Michoacán comparte la situación descrita anteriormente, con un factor adicional, que es la extracción de rentas a la comunidad como principal fuente de ingresos de los grupos criminales. El motor que existe por la demanda de drogas en Estados Unidos alimenta la violencia generada por la actividad criminal que aunado a un gobierno débil incapaz de marcar limites, resulta en la violencia observada. Cualquier medida que imponga el estado Mexicano será un paliativo al generador de violencia que es la existencia de un mercado clandestino de estupefacientes. En este contexto el gobierno estatal de Michoacán debe de focalizar sus esfuerzos a la disminución de la violencia criminal por medio de acciones de prevención del delito.

Los programas y políticas diseñados para prevenir el delito pueden incluir la acción policial o una condena formal por algún delito. Estas medidas se referirían más bien al control del delito. Sin embargo, la prevención del delito se refiere a los esfuerzos para prevenir el crimen o la delincuencia criminal en el primer ejemplo - antes de que el acto ha sido cometido. Ambas formas de prevención del delito comparten un objetivo común de tratar de prevenir la ocurrencia de un acto criminal futuro, pero lo que distingue al control del delito de la prevención del delito es que esta última opera fuera de los confines del sistema de justicia formal. La prevención se considera un factor fundamental de prevención de la violencia junto con las instituciones de la policía, los tribunales y correcciones (Waller, 2006).

Hay muchas maneras posibles de clasificar los programas de prevención del delito. Uno de los primeros esfuerzos se basa en el enfoque de salud pública para la prevención de enfermedades y lesiones (Brantingham y Faust, 1976; véase también Moore, 1995). Esto divide las actividades de prevención del delito en tres categorías: primaria, secundaria y terciaria. La prevención primaria implica medidas centradas en mejorar el bienestar general de los individuos, la prevención secundaria se centra en intervenir con los niños y jóvenes que están en riesgo de convertirse en delincuentes o víctimas y terciario prevención implica medidas dirigidas a aquellos que ya han estado involucrados con el crimen o victimización.

Van Dijk y de Waard (1991) ha ampliado en este sistema de clasificación para incluir un segundo dimensión: el grupo objetivo o enfoque de los programas de prevención del delito. Influenciado por la rutina teoría de la actividad (Cohen y Felson, 1979), esta segunda dimensión distingue entre ofensor-situación, y actividades orientada a las víctimas. En muchos aspectos, la contribución clave de esta nueva tipología era reafirmar la necesidad de que los esfuerzos para prevenir la delincuencia también deben considerar la víctima del delito (o potencial víctima).

Otro esquema de clasificación distingue dos principales estrategias de prevención (Tonry y Farrington, 1995). La prevención del desarrollo se refiere a las intervenciones diseñadas para prevenir el desarrollo del potencial criminal de individuos con alto riesgo (Tremblay y Craig, 1995; Farrington y Welsh, 2007). La prevención situacional se refiere a las intervenciones diseñadas para prevenir la ocurrencia de los delitos mediante la reducción de las oportunidades y aumentar el riesgo y la dificultad del infractor (Clarke, 1995; Cornish y Clarke, 2003).

Por su lado, la prevención comunitaria se refiere a las intervenciones diseñadas para cambiar las condiciones sociales y las instituciones (por ejemplo, las familias, los compañeros, las normas sociales, clubes, organizaciones) que influyen en la delincuencia en las comunidades (Hope, 1995). Finalmente, la prevención criminal de la justicia se refiere al elemento de disuasión tradicional y las estrategias de rehabilitación operados por las policías y los organismos del sistema de justicia penal (Blumstein, 1978; MacKenzie, 2006).

A partir de estos enfoques teóricos podemos identificar la importancia de la prevención y de las acciones no policiacas como factores deterentes del crimen. Debe superarse la idea de que los cuerpos de seguridad tradicionales (policías, fiscales, tribunales) deben tener el monopolio de las acciones en contra de la delincuencia, otros acciones de prevención como las señaladas en párrafos anteriores pueden arrojar resultados positivos. Particularmente, deben de impulsarse programas educativos en contra del delito.

Aspectos sociales. Educación

En teoría, hay una serie de razones para esperar que un aumento en la educación provoque una disminución de la delincuencia. En primer lugar, la educación aumenta los salarios y, por lo tanto, los costos de oportunidad de cometer un delito. En segundo lugar, como se destaca en Lochner y Moretti (2004) y Lochner (2010), los jóvenes adquieren más conciencia de sus acciones a través de la escolarización y evalúan más las ganancias que les puede redituar la escolaridad. El modelo económico de Becker (1968) de la delincuencia implica que el aumento de los costos de oportunidad asociados con la educación disminuye la actividad criminal. En tercer lugar, las personas con más educación pueden establecer lazos más cercanos con sociedad. Además, las personas educadas tienden a tener compañeros o círculos sociales con iguales niveles de educación, que pueden conducir a un multiplicador social o efecto de pares que disminuye aún más la actividad delictiva.

La mayor parte de la investigación realizada sobre crimen y delincuencia se ha basado en investigaciones realizadas en los Estados Unidos y en el Reino Unido (Machin, 2011). Existe alguna investigación realizada para el caso de Suecia (Hjalmarsson, 2011 y Meghir, 2011), pero estos países comparten condiciones muy distintas al caso de los países subdesarrollados como México. Por ejemplo, el factor de la calidad educativa puede ser un elemento crucial. Los estudios concuerdan en que, en general, los delincuentes tienden a ser menos educados que el resto de la población. Estudios aislados para algunas zonas de México como Guanajuato, arrojan que la escolaridad promedio de los delincuentes es de primaria (Observatorio Ciudadano de León, 2012). Para el caso de Michoacán las entrevistas realizadas muestra que la mayor parte de los integrantes de grupos criminales son jóvenes con bajos niveles de escolaridad. De acuerdo con INEGI en el estado, el grado promedio de escolaridad de la población de 15 años y más es de 7.4 años lo que equivale a poco más de primer año de secundaria. Asimismo, en Michoacán de Ocampo, 10 de cada 100 personas de 15 años y más, no saben leer ni escribir siendo la media nacional 7 de cada 100 habitantes.

Un factor relevante para el caso de Michoacán es la situación de la calidad educativa. Michoacán ha sido un estado en el cual la descomposición institucional y la falta de políticas adecuadas en relación con la educación han provocado el fortalecimiento de grupos magisteriales con agendas políticas distintas a la calidad educativa.

El efecto de la calidad educativa puede ser profundo en el caso de Michoacán. En un estudio Deming (2011) estimó en Estados Unidos el impacto de ir a escuelas de alta y baja calidad educativa en el número de crímenes cometidos posteriormente. Su estudio encontró que aquellos muchachos que habían estudiado en escuelas de mayor calidad educativa presentaban una menor tasa de criminalidad medida en términos del tipo de delito y del tiempo de encarcelamiento.

La escuela también puede producir un efecto de incapacitación. Es decir, al mantener a la juventud fuera de la calle y ocupada durante el día, la asistencia escolar puede tener efectos sobre la participación criminal. Jacob y Lefgren (2003) encuentran evidencia en este sentido para crímenes contra la propiedad comparando días de asistencia escolar con la tasa de criminalidad cuando la escuela no abre sus puertas (por capacitación de maestros, vacaciones o feriados). En el caso de Michoacán este estudio puede tener mucho sentido dada la cantidad de días escolares que se pierden por motivos relacionados con la dinámica política interna de los sindicatos magisteriales.

Al respecto de estos dos elementos, calidad educativa y el efecto incapacitación en las entrevistas a profundidad realizadas se encontró que los entrevistados señalaron que los maestros asistían poco a clases, pedían dinero y que no estaban al "pendiente" de los niños. Manifestaron que muchas veces los jóvenes desisten de estudiar por no encontrar sentido ni estímulos para continuar haciéndolo. Para muchos entrevistados era claro que estudiar no necesariamente se convierte en un factor de ascenso social como en antaño y no constituye un medio seguro de ascenso social. En relación con el efecto incapacitación, los entrevistados señalaron que los muchachos andan "sueltos por ahí" sin hacer "cosas de bien".

A nivel empírico y de acuerdo a investigación realizada en países desarrollados hay evidencia creciente de que mejoras en la calidad escolar y aumentos en la escolaridad, especialmente la finalización de la escuela secundaria, reducen los crímenes violentos y a la propiedad (Lochner, 2010). Las políticas que estimulan a los estudiantes para pasar un año extra o más para asistir a la escuela también parecen reducir la delincuencia juvenil.

En la mayor parte de los delitos es probable que la escolaridad adicional al elevar el salario mucho más que los retornos a la delincuencia, desaliente la actividad criminal. Al adquirir más educación las personas pueden acceder a mejores salarios y, por lo tanto, se disminuyen el atractivo que puede tener los retornos derivados de la inseguridad Lochner y Moretti (2004).

Sin embargo, debe señalarse que la evidencia empírica se ha desarrollado en el mundo desarrollado. Un aspecto importante es el relacionado con la calidad educativa. Existe poca evidencia para México y Michoacán del vínculo causal entre educación y crimen. No hay claridad en los mecanismos específicos por los cuales una mayor escolaridad disminuirá las tasas de crimen. Teóricamente el efecto más importante puede darse a través de mayores salarios. Sin embargo, en Michoacán, dada la calidad educativa, no necesariamente mayores niveles de escolaridad se traducen en mejoras salariales. Todavía de modo más importante, la investigación realizada en los países desarrollados está construida sobre la base de las ganancias salariales que puede traer la educación. En México y en el caso de Michoacán mayores grados educativos no necesariamente conllevan mejores niveles de ingreso. Sin embargo, debe resaltarse los bajos niveles educativos de la mayor parte de los varones involucrados en hechos delictivos en Michoacán. Muy probablemente de seguir en la escuela no habría involucramiento en actividades delictivas.

Otro aspecto a considerar es el relativo al peso de capital social en la explicación de la relación entre educación y crimen. De acuerdo con Brilli y Tonello (2014) la tasa de matriculación escolar reduce el crimen adolescente por el 2.47 por ciento, siendo el efecto muy heterogéneo dependiendo del grado de capital social y de la presencia de crimen organizado. En las zonas que se caracterizan por alta presencia de delincuencia organizada, la prevención generalizada de adolescentes de permanecer en las calles, al mantenerlos en la escuela, no es suficiente para garantizar el mismo efecto de reducción de la delincuencia como en áreas donde no es generalizada la presencia del crimen organizado.

En conclusión es importante mejoras educativas en dos factores. Calidad educativa y tiempo de asistencia a clases. Debe profundizarse las reformas educativas que mejoren la calidad del aprendizaje y que puedan convertirla en un instrumento real de superación personal y de contribución social. En segundo aspecto, de aplicación inmediata, debe de existir un mayor número de días de clase. La evidencia empírica de otros países puede ser razonablemente utilizada al caso mexicano y de Michoacán, específicamente.

Estas ideas constituyen planteamientos generales que deben ser aterrizados en propuesta de política pública más viables. Por lo tanto, se sugiere en aquellas zonas afectadas por la violencia criminal establezcan programas de becas a jóvenes sobre todo para nivel secundaria y preparatoria. La aplicación de becas debe hacer cuidadosamente en las localidades con altos índices de criminalidad, Debe señalarse que los datos de crímenes se encuentran a nivel municipal, es posible encontrar dentro de un mismo municipio tenencias con bajos niveles de crimen conviviendo con tenencias o localidades de alta criminalidad. Estos datos deben ser precisados con mayor detalle a nivel de autoridades municipales y estatales. La base para la construcción de estos índices debe darse en función del mapa señalado anteriormente.

Ejemplo de programas educativos

El Programa de Prevención de Montreal (Chaux, 2005) es un programa de prevención de la delincuencia de dos años para los varones de 7-9 años de edad y sus familias. El programa tiene dos

157

componentes, un programa de entrenamiento en habilidades sociales y un programa de formación de los padres en el hogar, que enseña a los padres monitoreo comportamiento eficaz y estrategias disciplinarias.

Otro esquema a utilizar es el del juego del buen Comportamiento (*Good Behavior Game*) que es una estrategia de manejo de la conducta en el aula de la escuela primaria utilizada dentro de los currículos de instrucción estándar de una escuela. GBG utiliza un formato de juego en el aula con equipos y recompensas para mejorar la socialización en los niños y reducir el comportamiento en clase agresiva, que es un factor de riesgo para el comportamiento violento y criminal.

4.4.3 Construcción de un capital social por la paz.

El capital social puede definirse como el conjunto de normas compartidas, valores y entendimientos que faciliten la cooperación dentro o entre los grupos. Hay dos argumentos básicos a favor de capital social como reductor de la delincuencia (ver Brehm y Rahn 1997, Sampson 1997, y LaFree 1999). La primera es que el capital social disminuye los costos de las transacciones sociales, que permiten la resolución pacífica de los conflictos. El segundo argumento es que las comunidades con lazos más fuertes entre sus miembros están mejor equipados para organizarse para superar el problema de parasitismo de la acción colectiva.

Sin embargo, hay también razones para pensar que el capital social puede conducir a la delincuencia más violenta (ver Glaeser, Sacerdote, y Scheinkman 1996; y Rubio, 1997).

En ciertos contextos, las interacciones sociales más fuertes permiten individuos involucrados en actividades delictivas para intercambiar más fácilmente la información y conocimientos que disminuir los costos de la delincuencia. Además, estas interacciones sociales pueden facilitar la influencia de delincuentes en otros miembros de la comunidad para desarrollar una propensión a la delincuencia y la violencia. Los aparentemente efectos opuestos de capital social sobre la delincuencia pueden crear cierta confusión. Una forma de reconciliar estos dos efectos antagónicos es considerar que el capital social tiene el potencial de induciendo más crimen y la violencia cuando es específica para determinados grupos (como las pandillas, étnica clanes y barrios cerrados) en lugar de difundirse en toda la sociedad.

Debe de incentivarse el buen capital social que estimula la cooperación entre las comunidades y entre las familias. Se plantea un programa de formación de organizaciones comunitarias a nivel localidad en contra del crimen en las que se fomente el buen capital social a través de la organización de torneos deportivos, el desarrollo a actividades de apoyo extra escolares y de juntas informativas sobre adicciones y violencia. En aquellas localidades con presencia de Iglesias se puede utilizar el capital social de estas organizaciones o de aquellas organizaciones con capital social positivo (clubes de servicios, asociaciones cívicas, etc).

Pobreza y crimen

El combate a la pobreza debe ser un factor fundamental en una estrategia en contra de la delincuencia. Sin embargo, debe señalarse con claridad que la relación entre pobreza y crimen es difícil de comprobar científicamente, dada la causalidad conjunta entre ambos factores (Ehrlich, 1973). En primer lugar, la prevalencia de la delincuencia en un área desalienta la actividad empresarial, por lo tanto, contribuye a la pobreza. En segundo lugar, la delincuencia pueden atraer a los criminales en ciertas ubicaciones porque que sea más fácil para eludir a la autoridad o porque áreas pobres constituyen puntos focales para actividades ilícitas como juegos de azar, prostitución o tráfico de drogas (Freeman ,1996). Finalmente, los individuos con alto predisposición a la delincuencia es probable que tengan rasgos observables (por ejemplo, la falta de disciplina) que los haga menos empleables y por lo tanto les haría más pobres incluso si no recurren a la delincuencia. Por otro lado, otros trabajos plantean como cierta la correlación entre pobreza y crimen (Kelly, 2000; Heinekye, 1973).

Para el caso de Michoacán, la investigación de campo realizada, arroja a la pobreza como uno de los elementos más señalados por los entrevistados como causa de la delincuencia y del involucramiento de personas de la comunidad en actividades delictivas. Los entrevistados señalan a la falta de oportunidades laborales como un factor que obligar a los jóvenes a delinquir. Asimismo, de modo coincidente con la teoría, los entrevistados señalan que los jóvenes sin actividad tienden a recurrir al crimen dada la disponibilidad de tiempo.

Sin embargo, la resolución del problema de la pobreza en Michoacán es un reto de gobierno que puede tomar años en dar resultados. Ante un escenario complejo y escases de recursos gubernamentales, se sugiere el establecimiento de políticas de desarrollo económico focalizadas a localidades específicas de alto nivel de criminalidad. En estas micro zonas se deben impulsar el financiamiento a proyectos de inversión y actividades de generación de empleos, mediante el trabajo coordinado de las distintas agencias de gobierno dedicadas a la promoción económica. Asimismo, debe de priorizarse inversión pública que pueda generar empleos y detonar derrama salarial. Existe una multiplicidad de programas de estímulo económico que deben ser focalizados a las tenencias de mayor índice de criminalidad. Para esto las Secretarias de Economía Federal y Estatal, NAFIN, INAES, deberán de establecer programas conjuntos de financiamiento. Para estos es fundamental la creación de una instancia coordinadora ejecutiva propuesta en párrafos anteriores.

Otros aspecto que debe señalarse es el relativo a la relación entre desigualdad de ingresos y delincuencia. Existe controversia en esta relación. Desde el punto de vista sociológico la desigualdad justifica algunos individuados a cometer crímenes en tanto que desde perspectivas economicistas la desigualdad genera crimen como una alternativa de empleo ante una situación de bajo riesgo de castigo (Whitworth, 2012)). Al respecto, existe un trabajo especifico al caso mexicano (Enamorado, 2014) que concluye que entre 2006 y 2010 un incremento de un punto en el coeficiente de Gini se tradujo en un aumento de más de 10 homicidios relacionados con las drogas por cada 100.000 habitantes. No hay efectos significativos antes de 2005. El hecho de que el efecto se encontró durante Guerra contra las drogas de México y no antes, es debido a que probablemente el costo de la delincuencia disminuyó con la proliferación de las pandillas (facilitar el acceso al conocimiento y la logística, bajando el costo marginal de comportamiento criminal), que, combinado con el aumento de la desigualdad, el aumento del beneficio neto esperado de actos criminales después de 2005.

En este tenor se cuestionó acerca de la relación entre desigualdad y delincuencia, los entrevistados refieren que por "necesidad" la gente delinque y comete básicamente robos y delitos menores, lo cual es concordante con la investigación realizada. No se encontró menciones a que delitos de delincuencia organizada estuvieran relacionados con la percepción de desigualdad en los niveles de ingreso. Las personas entrevistadas no manifestaron involucrarse en grupos criminales por la existencia de marcos diferenciales de ingreso en la sociedad. Por lo tanto, no se puede hacer una recomendación específica al gobierno del estado de Michoacán, todos los esfuerzos que realicen y que tiendan a disminuir la desigualdad tendrán un efecto positivo.

Aspectos jurídicos

Es fundamental fortalecer el estado de Derecho en Michoacán. En el largo plazo fortalecer el estado de derecho en México es asegurar que las comunidades obedecen las leyes, mediante el aumento de la probabilidad de que la conducta ilegal y la corrupción sean castigados a través de la aplicación efectiva de la ley. También debe trabajarse en la creación de un entorno social, económico y político en que las leyes están en consonancia con las necesidades de la gente y permiten a los ciudadanos legitimar la acción policiaca y el estado de Derecho. Una de las prioridades deberá ser una mayor accesibilidad de la sociedad en general a los actuales instrumentos digitales de difusión de la información pública. Asimismo, deben de realizarse campañas de fortalecimiento de una cultura de la trasparencia y de la rendición de cuentas de los ciudadanos.

Promulgación de una Ley Estatal Anticorrupción e Involucramiento internacional en labores de trasparencia.

La disminución de la corrupción debe ser una prioridad estatal de política pública. Para esto se sugiere la promulgación de una Ley Estatal Anticorrupción y el fortalecimiento de la participación civil ciudadana en los órganos supervisores del recurso público. Asimismo, de modo muy importante se propone la participación de Organismos Internacionales de trasparencia en las labores de vigilancia del presupuesto. Finalmente, es necesario una fuerte discusión sobre la independencia del Procurador de Justicia y de la Auditoria Superior del Estado.

Profundizar las reformas del nuevo sistema de impartición de justicia oral

La mayor parte las entrevistas realizadas señalan la poca confianza de la sociedad en el sistema jurídico. La falta de independencia y credibilidad del sistema de administración de justicia son señalados como causas de la situación de crimen organizado que se vive en muchas zonas del estado. El mejoramiento en la calidad del sistema de impartición de justicia debe ser una prioridad dentro de un esquema integral de combate al crimen organizado. En relación con este punto se sugiere los siguientes: Debe profundizarse la aplicación del nuevo sistema de impartición de justicia oral penal, sobre todo en los aspectos que le den más trasparencia y credibilidad al proceso de administración de justicia. Es fundamental la recuperación de la confianza de la sociedad en las leyes y en el sistema formal de procuración de justicia. Un aspecto interesante que se resaltó en las entrevistas realizadas fue la preferencia y el voto de confianza que muchos sectores de la sociedad depositaron en los grupos criminales como entes administradores de justicia y mediados del conflicto. Muchos ciudadanos recurrieron a los jefes locales del crimen organizado para buscar resolver una amplia gama de litigios que debería de haber sido resueltos en los ámbitos jurídicos competentes. Es necesario que el estado retome su papel de administrador del sistema de justicia y de autoridad suprema en los litigios sociales.

Incrementar la independencia judicial

La independencia judicial está fuertemente relacionada con disminución de la delincuencia organizada (Buscaglia y van Dijk, 2003). Es importante que exista una percepción de independencia e imparcialidad del sistema judicial. Un juez independiente es menos vulnerables a la corrupción y más capaz de aplicar las leyes contra la delincuencia, incluso cuando el sistema político y otras áreas del estado hayan sido capturados por el crimen organizado. Asimismo, es necesario disminuir la complejidad del procedimiento y los abusos de discrecionalidad judicial. Para esto es necesario continuar con los cambios el sistema judicial michoacano que favorezcan la real independencia del proceso de impartición de justicia.

Debe trabajarse en lograr una mejor accesibilidad y claridad del proceso judicial por parte de la sociedad michoacana. Los cambios en el sistema judicial del estado deben tender ser claro para la sociedad sin utilizar en exceso la discrecionalidad jurídica que le reste legitimidad a los ojos de la sociedad. Existe un vínculo entre el abuso de discreción judicial sustantiva, la corrupción judicial y el aumento de la delincuencia organizada (Buscaglia y van Dijk 2003, anexo A, cuadros 13, 1-19).

Los países con mejores sistemas judiciales y niveles más bajos de delincuencia organizada son en orden decreciente: Islandia, Noruega, Dinamarca, Singapur, Finlandia, Austria, Suecia, Luxemburgo, Suiza, Nueva Zelanda, Hong Kong y el Reino Unido. Por otro lado, los países con mayor discrecionalidad judicial (consistencia y coherencia) son también los países donde el crimen organizado tiende a crecer Colombia, Venezuela, Indonesia, la Federación de Rusia, Argentina, México, Brasil, Filipinas, Sudáfrica, Tailandia, India y la República Eslovaca (Buscaglia y van Dijk, 2003).

Bibliografia del capitulo

Blumstein, Alfred, Jacqueline Cohen, y Daniel S. Nagin, eds. 1978. Deterrence and Incapacitation. Washington, DC: National Academy Press.

Brilli Ylenia y Tonello Marco, (2014) Rethinking the crime reducing effect of education: the role of social capital and organized crime, EUI Working Paper MWP 2014/19.<

Buscaglia, Edgardo, y Jan van Dijk. 2003. "Controlling Organized Crime and Public Sector Corruption: Results of the Global Trends Study." In United Nations Forum. Vienna: United Nations Press

Brantingham, Paul J., y Frederick L. Faust. 1976. "A Conceptual Model of Crime Prevention."Crime and Delinquency 22: 284-296.

Brehm, J., y Rahn, W. (1997). Individual level evidence for the causes and consequences of social capital. American Journal ofPolitical Science, 41: 999–1023.

Observatorio Ciudadano de León, 2012, Boletín SIGU "Saber más para de decidir mejor",1 de octubre de 2012, volumen 1, n° 7. http://www.ocl-sigu.org.mx/wp-content/uploads/2012/10/Bolet%C3%ADn-7.pdf

Chaux, E. (2005). El programa de prevención de Montreal: Lecciones para Colombia. Revista de Estudios Sociales, 21, 11-25

Clarke, Ronald V. 1995b. "Situational Crime Prevention." In Building a Safer Society: Strategic Approaches to Crime Prevention, edited by Michael Tonry and David P. Farrington. Vol. 19 of Crime and Justice: A Review of Research. Chicago: University of Chicago Press.

Cornish, Derek B., y Ronald V. Clarke. 2003. "Opportunities, Precipitators and Criminal Decisions: A Reply to Wortley"s Critique of Situational Crime Prevention." In Theory for Practice in Situational Crime Prevention, edited by Martha J. Smith and Derek B. Cornish. Vol. 16 of Crime Prevention Studies. Monsey, NY: Criminal Justice Press.

Cohen, Lawrence E., y Marcus Felson. 1979. "Social Change and Crime Rate Trends: A Routine Activity Approach." American Sociological Review 44: 588-608.

Deming, D. J. (2011). Better schools, less crime? The Quarterly Journal of Economics, 126(4), 2063–2115.

Enamorado, Ted; Lopez-Calva, Luis-Felipe; Rodriguez-Castelan, Carlos; Winkler, Hernan, 2014, "Income Inequality and Violent Crime: Evidence from Mexico's Drug War," World Bank, Policy Research Working Paper, 6935, June 2014.

Ehrlich, Isaac, 1973, Participation in Illegitimate Activities: A Theoretical and Empirical Investigation. Journal of Political Economy, Vol. 81, No. 3, pp. 521-565, May-June 1973. Available at SSRN: http://ssrn.com/abstract=961495

Farrington, David P., and Brandon C. Welsh. 2007b. Saving Children from a Life of Crime: Early Risk Factors and Effective Interventions. New York: Oxford University Press.

GLASER, E.; SACERDOTE, B., e SCHEINKMAN Crime and social interactions" Quartely Journal of Economics n 111, pp. 507-548.(1996)

Galen Carpenter Ted, 2009 Troubled Neighbor: Mexico's Drug Violence Poses a Threat to the United States, POLICY ANALYSIS NO. 631

Heineke, John and Block, Michael K., A Labor Theoretic Analysis of Criminal Choice (June 1, 1975). The American Economic Review, Vol. 65, No. 3, pp. 314-325, 1975. Available at SSRN: http://ssrn.com/abstract=1870218

Jacob, Brian A. and Lars Lefgren, "Are Idle Hands the Devil's Workshop? Incapacitation, Concentration, and Juvenile Crime," American Economic Review 93(5), December 2003: 1560-1577.

LaFree, Gary. 1999. "A Summary and Review of Cross-National Comparative Studies of Homicide."In M.D. Smith and M.A. Zahn, eds., Homicide: A Sourcebook of Social Research.Thousand Oaks, CA: Sage

Lochner, L. (2004), "Education, Work, and Crime: A Human Capital Approach", International Economic Review 45, 811–43.

Lochner Lance, Education policy and crime Working Paper 15894 http://www.nber.org/papers/w15894, http://www.nber.org/papers/w15894.pdf

Moore, Mark H. 1995. "Public Health and Criminal Justice Approaches to Prevention." In Building a Safer Society: Strategies Approaches to Crime Prevention, edited by Michael Tonry and David P. Farrington. Vol. 19 of Crime and Justice: A Review of Research. Chicago: University of Chicago Press

MacKenzie, Doris L. 2006. What Works in Corrections: Reducing the Criminal Activities of Offenders and Delinquents. New York: Cambridge University Press.

Miron Jeffrey, 2009, Commentary: Legalize drugs to stop violence, CNN, http://edition.cnn.com/2009/POLITICS/03/24/miron.legalization.drugs/index.html?iref=.

M. Kelly, 2000, Inequality and Crime," The Review of Economics and Statistics, Pp. 530-539.

ONU, 2003, *UN Guide for Anti Corruption Policies*, http://www.unodc.org/pdf/crime/corruption/UN_Guide.pdf

Pereyra Guillermos, 2012, México: violencia criminal y guerra contra el narcotráfico, Rev. Mex. Sociol vol.74 no.3 México jul./sep. 2012

Rios Viridana, 2013 Why did Mexico become so violent? A self-reinforcing violent equilibrium caused by competition and enforcement, Trends in organized crime Vol &, No. 1.

RUBIO, M. Perverse social capital : Some evidence from Colombia, Journal of Economic Issues n 31 pp. 805-816.(1997).

Shirk David A., 2011 The Drug War in Mexico: Confronting a Shared Threat Paperback – April 13, 2011

Sampson, Robert J. 1997. "The Embeddedness of Child and Adolescent Development: A Community-Level Perspective on Urban Violence." In J. McCord ed., Violence and Childhood in the Inner City, Cambridge, UK: Cambridge University Press.

Tonry, Michael, y David P. Farrington, eds. 1995a. Building a Safer Society: Strategic Approaches to Crime Prevention. Vol. 19 of Crime and Justice: A Review of Research. Chicago: University of Chicago Press.

Tremblay, R. E., Pagani-Kurtz, L., Masse, L. C., Vitaro, F. and Pihl, R. O. (1995) A bimodal preventive intervention for disruptive kindergarten boys: Its impact through mid-adolescence. Journal of Consulting and Clinical Psychology, 63, 560-568.

VILLARESPE REYES VERÓNICA OFELIA. 2001 Pobreza e inseguridad, el viejo debate entre desarrollo y represión: un enfoque empírico, en México 2012 Un debate por el futuro que viene, Instituto de Investigaciones Jurídicas- UNAM, ISBN 978-607-00-5365-8, pp. 581-592. Coautora.

Waller, Irvin. 2006. Less Law, More Order: The Truth about Reducing Crime. Westport, Conn.: Praeger

Whitworth, A. (2012). "Local Inequality and Crime: Exploring how Variation in the Scale of Inequality Measures Affects Relationships between Inequality and Crime," Urban Studies, 50(4): 725-741

Van Dijk, Jan J. M., y Jaap de Waard. 1991. "A Two-Dimensional Typology of Crime Prevention Projects; with a Bibliography." Criminal Justice Abstracts 23: 483-503.

Violencia y crimen. Un enfoque institucional al caso de Michoacán, México.

Se termino de imprimir en diciembre de 2016 en los talleres gráficos de Impregraf con un tiraje de 200 ejemplares.

www.ingramcontent.com/pod-product-compliance
Lightning Source LLC
Chambersburg PA
CBHW060308290526
45789CB00001B/437